O GATINHO MÍSTICO

Título do original: *Mystic Kitty*.

Publicado em 2025 pela Abrams, um selo da ABRAMS.

Criado, editado e elaborado por Quarto Publishing, um selo da The Quarto Group.

Designer: Eliana Holder.

Designer de *layout*: Karin Skånberg.

1ª edição 2025.

Impresso na China.

Editor: Adilson Silva Ramachandra
Gerente editorial: Roseli de S. Ferraz
Gerente de produção editorial: Indiara Faria Kayo
Preparação de originais: Carolina Itimura Camargo
Editoração eletrônica: Join Bureau
Revisão: Erika Alonso

Dados Internacionais de Catalogação na Publicação (CIP)
(Câmara Brasileira do Livro, SP, Brasil)

Oula, Valerie
O gatinho mistíco: um guia de meditação inspirado na sabedoria dos gatos / Valerie Oula; ilustrado por Thiago Corrêa; tradução Maíra Meyer. – 1. ed. – São Paulo: Editora Pensamento, 2025.

Título original: Mystic kitty
ISBN 978-85-315-2432-5

1. Gatos 2. Gatos – Comportamento 3. Meditação 4. Misticismo I. Corrêa, Thiago. II. Título.

25-266578 CDD-133.2599752

Índices para catálogo sistemático:

1. Gatos: Misticismo: Meditação: Ciências ocultas 133.2599752
Cibele Maria Dias – Bibliotecária – CRB-8/9427

Direitos de tradução para o Brasil adquiridos com exclusividade pela
EDITORA PENSAMENTO-CULTRIX LTDA., que se reserva a propriedade literária desta tradução.
Rua Dr. Mário Vicente, 368 – 04270-000 – São Paulo – SP –
Fone: (11) 2066-9000
http://www.editorapensamento.com.br
E-mail: atendimento@editorapensamento.com.br
Foi feito o depósito legal.

FSC www.fsc.org MISTO Papel | Apoiando uma gestão florestal responsável FSC® C016973

O GATINHO MÍSTICO

UM GUIA DE MEDITAÇÃO INSPIRADO NA SABEDORIA DOS GATOS

Ilustrado por
Thiago Corrêa

VALERIE OULA

Tradução
Maíra Meyer

SUMÁRIO

INTRODUÇÃO

Se você sempre se sentiu atraído por cultivar uma prática de meditação e adora gatos, passou a maior parte da vida à procura deste livro sem saber disso. Apresentamos uma dupla perfeita: gatos e meditação.

A meditação não só ajuda a aliviar o estresse e a baixar a pressão sanguínea e a inflamação; ela também aprimora a função cerebral e retarda o envelhecimento ao alongar os telômeros – um biomarcador do DNA para longevidade. Resumindo, a meditação nos torna mais inteligentes e mais jovens.

Então, por que você ainda não a incorporou em uma prática diária? Parece difícil ou muito trivial e maçante? Talvez você precise do fator de motivação adequado, e, nesse caso, tenho a solução perfeita: isso mesmo, gatos!

O simples fato de olhar fotos de gatos pode reduzir o cortisol. Se você é gateiro(a), pode ser simples assim! Agora, que tal olhar para um gato ou pensar nele enquanto meditamos? Nossa! A lógica diria que aumentaríamos os benefícios à saúde de modo exponencial.

Em outras palavras, é hora de reivindicar a expressão "a louca dos gatos" e reformulá-la para "a louca *mansa e equilibrada* dos gatos"!

GATO DA SORTE

Talvez você já conheça a onipresente estátua do gato da sorte. Com uma pata levantada, ela se encontra em muitas lojas e restaurantes asiáticos, e acredita-se que atrai prosperidade e boa sorte. Em geral, o gatinho é branco com orelhas pintadas de vermelho, embora as imagens possam ser de todos os tipos de cores, inclusive preto, rosa e dourado.

O gato da sorte teve origem no Japão, e seu nome, *maneki-neko*, significa, literalmente, "gato boas-vindas". Há algumas histórias sobre a origem desse felino, mas a versão mais famosa envolve um nobre do século XVII e um gato branco que o atraiu a entrar num templo antes do início de uma violenta tempestade. O nobre ficou tão impressionado com a sorte dada pelo gato que se tornou patrono do templo, o Gōtoku-ji, em Tóquio, e ajudou a reconstruí-lo em 1633. Hoje, o templo fica lotado de turistas todos os anos.

NOSSA INSPIRAÇÃO FELINA

Podemos invocar a linhagem do gato da sorte para nos guiar em nossa jornada de meditação interior à paz, à calma, à autoconsciência e à abundância. Para tanto, este livro apresenta cinquenta práticas, em que o Gatinho Místico vai inspirar você a dar início à meditação, o que, em geral, já é meio caminho andado. Você pode folheá-lo e escolher uma prática aleatória para fazer a cada dia, ou comece pelo início e siga a ordem até o fim, praticando um exercício por dia ou mais, para ver qual sintoniza com você.

TENTE OUTRA VEZ

Talvez você já tenha visto Timo, o gato da raça Ragdoll, no YouTube. Seus tutores lhe compraram uma rede, que talvez seja um pouco pequena demais para ele. Seus vídeos mostram o bichano usando vários métodos para subir na rede, falhando várias e várias vezes. E, no entanto, ele persiste. Quatro meses depois, por fim, ele descobre o método que funciona.

Essa história do gato grande *versus* rede pequena nos lembra de que a persistência e o comprometimento compensam. É assim que devemos abordar nossas práticas de meditação. Há dias em que falhamos e recomeçamos, sem julgamentos. Não se pressione para acertar logo de cara, ou mesmo para acertar! Em vez disso, pegue aquela pequena centelha de desejo e intenção e siga-a.

PALAVRAS DE INCENTIVO DO GATINHO MÍSTICO

O Gatinho Místico está aqui para dar apoio, e a primeira lição, e a mais importante, é que você seja como ele e encontre prazer e alegria em tudo o que faz, inclusive na meditação. Aqui estão alguns conselhos do Gatinho Místico:

- Sempre que vir as patas de um gato, lembre-se de fazer uma pausa e respirar.
- Não se importe com as pequenas coisas, em vez disso, brinque com elas!
- Acredite que você sempre vai cair em pé, e cairá.
- Quando estiver dúvida, incline a cabeça para esclarecer e use sua pata para derrubar alguma coisa!
- Viva a vida para ninguém além de você, como os gatos fazem.
- A viagem é tão curta – desacelere o tempo por meio de miautenção plena e meditação para apreciar na íntegra como a vida é doce e alegre e sinta-se em casa dentro de si.

CAPÍTULO UM

APENAS OBSERVE

Observamos o mundo com nossos olhos físicos, mas também podemos usar a visão interna para observar nosso mundo interior. Ao nos voltamos para o que está dentro, podemos sentir o que está lá fora. As simples técnicas de respiração e contemplação descritas neste capítulo ajudam a transformar nossas práticas de observação em ouro contemplativo, ao mesmo tempo em que acalmam a mente e liberam o estresse.

"O MOMENTO PRESENTE É REPLETO DE ALEGRIA E FELICIDADE. SE VOCÊ PRESTAR ATENÇÃO, VERÁ."
– THÍCH NHẤT HẠNH

OBSERVAÇÕES FELINAS

Grande parte do aprendizado para animais selvagens e seres humanos provém da observação. Gatos possuem um senso de observação afiado, direcionado em especial à caça. O ancestral selvagem do gato avistou nisso uma oportunidade, agarrou-a pela cauda e não olhou mais para trás.

À medida que as civilizações mudaram de estilos de vida nômades para o cultivo e o armazenamento de comida e grãos, os celeiros se tornaram um antro de fartura para ratos, que, por sua vez, atraíram gatos selvagens para a festa. Os gatos selvagens e os seres humanos observaram e reconheceram que essa era uma relação mutuamente benéfica, e foi assim que os ancestrais de nossos gatinhos fofos se domesticaram, vivendo felizes ao lado de humanos e se tornando um dos animais de companhia mais populares do mundo.

A observação é a chave da sabedoria – é somente através da observação silenciosa que podemos começar a mapear e a acompanhar o mundo exterior e, quem sabe ainda mais importante, o interior. Talvez haja uma parte nossa que seja relutante em começar a observação silenciosa, porque temos medo do que podemos encontrar dentro de nós. O que estamos evitando enfrentar? Algumas pessoas podem descobrir que não gostam tanto assim de si mesmas, e, com isso, se sentirem motivadas a fazer mudanças na própria vida ou caírem numa espiral de negatividade. É difícil imaginar que nossos companheiros felinos podem começar a colapsar por dentro ou a se autocriticar (embora todos nós já tenhamos visto imagens de gatos com jeito de quem está nos julgando na cara dura!). Podemos aprender muito com nossos companheiros felinos apenas sendo quem são, sem fingimentos.

Começar a meditar é tão simples quanto observar. Meditação é observação; é prestar atenção no interior com intenção. Ela nos convida a cultivar uma prática de auto-observação e a desenvolver mais autoconsciência, que pode levar a mais satisfação na vida. Que sabedoria podemos começar a colher ao observar o momento presente?

CONSCIÊNCIA RESPIRATÓRIA

Sem respiração, não há vida. Quando aprendemos a trazer consciência à respiração, podemos desacelerar e trazer mais apreciação à nossa vida.

Gatos respiram pelo nariz, e, se você os vir respirando pela boca ou ofegando, isso costuma ser um sinal de que estão estressados ou com dificuldade para respirar. O mesmo vale para os seres humanos. O estresse e a ansiedade podem nos fazer respirar pela boca de forma inconsciente, o que pode estressar nosso organismo.

Muitas pessoas, sem pensar, respiram pela boca. Portanto, a consciência e a compaixão são a chave para avaliar sem julgamentos como você está respirando. Se estiver respirando pela boca, veja isso como um convite para mudar esse hábito aos poucos, com intenção e atenção, por meio da observação. No início pode ser desconfortável e até parecer forçado, mas lembre-se de que você está readestrando um hábito.

Antigos yogues acreditavam que todas as pessoas chegavam a esta vida com um número finito de respirações, e que, quando essa quantidade se esgotava, era o fim da vida. Portanto, faz sentido que a maioria das práticas de *pranayama* ensinem a desacelerar a respiração. Em sânscrito, o termo *pranayama* se divide em *prana*, que significa "energia vital", e *ayama*, que significa "regulação". Com práticas de controle da respiração, podemos regular nossa energia vital.

A respiração diafragmática envolve respirar longa e profundamente pelo abdômen, e é a maneira mais eficiente de respirar. Ao permitir que o diafragma se movimente, os pulmões podem se expandir à capacidade total, ou seja, acessamos todos os recursos que a respiração tem a oferecer.

Esta prática de respiração é contraindicada para gestantes e pessoas com problemas cardíacos e pressão alta.

Aqui está uma prática para regular o organismo por meio da respiração e criar mais espaço para mais vida.

1 Sente-se em uma posição ereta confortável, ou deite-se com os joelhos para cima. Comece reservando um momento de pausa.

2 Se for confortável para você, feche os olhos, se não, é só relaxar o olhar.

3 Sinta os apoios do seu corpo neste momento. Passe alguns segundos reparando na forma como a sua respiração se move para dentro e para fora.

4 Repouse suavemente as mãos sobre o abdômen. Na próxima inspiração, envie o ar ao abdômen e sinta a expansão da barriga pelas mãos.

5 Na expiração, puxe o umbigo para dentro, sentindo a contração e pressionando todo o ar para fora.

6 No seu ritmo, repita lentamente esta prática. Comece com um mínimo de três minutos e, aos poucos, vá aumentando, aprendendo e sentindo como é uma respiração longa, lenta e profunda.

7 Para terminar, é só encerrar o ciclo da respiração e relaxar as mãos. Traga a respiração a seu ritmo natural e repare em como está se sentindo, sem julgar suas percepções.

EXERCÍCIO 4/8/8

Quando inspiramos, inalamos oxigênio. Quando expiramos, liberamos dióxido de carbono. Quando prendemos a respiração, aumentamos a tolerância ao acúmulo de dióxido de carbono e aprendemos a regular nossa respiração em momentos de estresse.

Este exemplo segue uma contagem de 4/8/8, mas, se for muito difícil no início, comece com 2/4/4 e vá aumentando até chegar ao valor total.

- Seguindo os passos da prática acima, inspire contando até quatro.
- Expire contando até oito.
- Prenda a respiração contando até oito.
- Repita lentamente por quatro séries, aos poucos chegando a oito series.
- Para terminar, faça uma última série, então, descanse.

RESPIRAÇÃO COM ALTERAÇÃO DAS NARINAS

Gatos se acalmam afundando a pata em uma superfície macia, alternando uma patinha por vez em um padrão de movimento recíproco. Essa atitude traz conforto, pois é um resquício de quando eram filhotes em fase de amamentação. Como nós, seres humanos, podemos aprender com esse comportamento para confortarmos a nós mesmos?

Uma prática excelente de autorrelaxamento para adultos é respirar por narinas alternadas, usando uma técnica básica de respiração *pranayama* chamada *nadi shodhana*, ou seja, "purificação dos canais".

Na medicina tradicional indiana, os *nadis* são canais energéticos que percorrem o corpo. Dizem que há, pelo menos, 72 mil desses canais por onde o *prana* – a energia vital – se move através do corpo físico, conectando todos os chakras (centros de energia). Ao praticar o *nadi shodhana*, imagine que cada inspiração e expiração desobstrui não apenas suas vias aéreas, mas também seus canais energéticos, de forma que a energia possa fluir com mais facilidade.

Talvez seja bom assoar o nariz antes de começar a praticar a respiração por narinas alternadas, e, se uma de suas narinas estiver um pouco entupida, essa prática pode ajudar a desobstruir suas vias aéreas. Considere também que, se uma narina estiver bloqueada, algo pode estar temporariamente bloqueado em termos energéticos. Pode ser que alguns aspectos da sua vida precisem de mais fluxo. Quando a narina bloqueada se abre fisicamente, isso pode significar que há mais receptividade no seu corpo e fluxo em sua vida.

Reter ou suspender a respiração não é recomendado para pessoas com pressão alta.

Esta prática pode ajudar a equilibrar os hemisférios esquerdo e direito do cérebro e a regular o sistema nervoso.

1 Sente-se em posição ereta e confortável, com a mão esquerda repousada sobre a perna esquerda e o polegar e o dedo médio se tocando (ver o mudra *gyan*, na página seguinte).

2 Com o polegar direito, tape com delicadeza a narina direita, com os outros dedos apontando para cima. Inspire devagar pela narina esquerda, contando até seis, e prenda a respiração contando até três.

3 Use o dedo anelar ou o mínimo da mão direita para segurar a narina esquerda. Solte o polegar e libere o ar pela narina direita contando até seis. Ajuste a proporção da contagem para 2/1/2, dependendo de seu nível de conforto. Não deve haver esforço.

4 Inspire devagar pela narina direita e prenda a respiração como antes. Segure a narina direita com o polegar e solte o ar pela narina esquerda. Aqui marca o fim de uma série.

5 Repita mais algumas séries, mantendo o próprio ritmo e dedicando algum tempo para desacelerar, observar e seguir a respiração. Comece com três minutos e, aos poucos, vá aumentando.

6 Quando estiver pronto para finalizar, complete a série. Relaxe as mãos, deixando-as repousar sobre as pernas. De olhos ainda fechados, apenas permita-se estar com o ritmo natural da respiração e note as mudanças no seu corpo e mente.

MUDRA *GYAN*

O termo "mudra" se refere a "selar" os dedos para manter o foco e direcionar energia. O mudra *gyan* é conhecido em tradições budistas e hindus como o mudra da sabedoria, e, quando fazemos esse mudra, unindo o dedo polegar e o médio, ativamos nosso organismo para receber sabedoria.

CONSCIÊNCIA EXPANDIDA E VISÃO PERIFÉRICA

Gatos possuem um campo de visão muito mais amplo do que os humanos. Seus olhos são adaptados para enxergar na luz fraca e projetados para captar movimentos rápidos – excelentes propriedades para apanhar presas.

Muitas vezes, quando estamos estressados, ficamos hiperfixados em um problema ou sobrecarregados por tudo, e o oposto acontece – não conseguimos nos focar de jeito nenhum. Visão em túnel ou sentidos em túnel podem ocorrer sob estresse extremo, e a ansiedade surge porque nossa visão e/ou sentidos periféricos se perdem nesse momento. A solução é dar um passo para trás e oferecer um pouco de espaço a si mesmo.

Há uma técnica maravilhosa de Programação Neurolinguística (PNL) chamada Consciência Expandida, ou Técnica da Visão Periférica, que pode nos ajudar muito para que nos sintamos mais centrados. Ao que parece, essa técnica se baseia em uma antiga prática Huna havaiana chamada Hakalau (*haka* se traduz como "focar", e *lau*, "expandir"). Já que gatos têm um campo de visão mais amplo do que o nosso, pode-se dizer que eles têm mais perspectiva do que os seres humanos. Ao estender e expandir nosso campo de visão, podemos tirar proveito da prática que os gatos têm naturalmente. Isso aumenta nosso senso de segurança e ativa o sistema nervoso parassimpático a descansar e a relaxar.

Aqui está uma prática para expandir sua consciência e sua visão periférica.

1 Encontre um lugar para se sentar confortavelmente. Feche os olhos. Inspire lenta e profundamente e expire ainda mais devagar.

2 Reserve um tempo para notar todos os sons, próximos e distantes. Repare se há um som que pareça mais óbvio e tome um tempo para assimilá-lo. Note o som sem necessidade de rotulá-lo de alguma forma; apenas permita que seja apenas um som.

3 Comece a assimilar também todos os outros sons. Simplesmente abrindo a consciência sensorial, ouça e receba todos os sons, próximos e distantes. Repare na respiração. Note como você está se sentindo em seu corpo conforme assimila os sons. Não faça esforço para ouvir; apenas permita que sons diferentes entrem no domínio da consciência, um de cada vez, então em camadas, e depois todos de uma vez. Perceba os bolsões de silêncio.

4 Comece a transferir a consciência para o olhar. Abrindo os olhos devagar, fixe delicadamente o olhar em um objeto ou ponto logo à sua frente. Assimile o objeto ou o ponto com foco claro, então comece a suavizar o olhar, ainda focalizando o ponto ou o objeto escolhido. Sem esforço, apenas permita.

5 Agora, devagar, comece a ampliar o olhar sem mover os olhos, enquanto, aos poucos, expande cada vez mais a visão periférica. Respirando devagar, permita que o corpo relaxe enquanto o olhar suaviza e a consciência se expande. Permita-se assimilar mais, abrindo mais para cima, para baixo e para as laterais da visão, sem mexer os olhos.

6 Repare nas sensações no corpo: talvez haja calor na barriga ou ao longo do corpo à medida que você começa a liberar tensão, uma sensação de circulação. Note como talvez esteja vendo mais o espaço ao redor do que antes.

7 Reserve um tempo para simplesmente ficar quieto e receber esse estado de consciência expandida e expansiva, permitindo que a respiração desacelere e se acalme.

8 Permita que o corpo volte a respirar normalmente, sabendo e lembrando que sempre é possível retornar a esse local, esse estado de calma, suavizando o foco e ampliando a visão, e respirando de forma lenta e constante.

CONTEMPLANDO VELAS

Você já desafiou um gato para uma competição de quem fica mais tempo sem piscar? É um a zero para o gatinho, sem dúvida.

Seres humanos podem piscar de quinze a vinte vezes por minuto, enquanto gatos não precisam piscar nunca, uma vez que eles possuem uma terceira pálpebra que os ajuda a manter os olhos úmidos sem ter de piscar do mesmo jeito que nós. Ainda que nunca possamos superar um amigo felino nesse tipo de competição, podemos usar a ação de contemplar para entrar em estado meditativo.

A palavra sânscrita *tratak* significa "contemplar", e uma meditação trataka é uma prática yogue para foco e purificação, tradicionalmente ensinada concentrando-se em camadas específicas de cor na chama de uma vela, sem piscar. Os olhos vão lacrimejar, o que limpa e purifica, e ao fixar o olhar dessa forma podemos limpar, acalmar e estabilizar a mente também.

Sabe-se que contemplar velas ajuda a aliviar ansiedade e estresse, e também a aprimorar o foco e a concentração. Isso fortalece os olhos físicos, bem como o "terceiro olho", o olho intuitivo através da glândula pineal.

Não deixe de cortar o pavio da vela antes de acendê-la.

Coloque a vela em um local sem correntes de ar.

Mantenha a vela longe de materiais inflamáveis.

Não deixe a vela sem supervisão.

Ao estabilizar devagar seu olhar e sua respiração, também é possível estabilizar os pensamentos. Aqui vamos praticar uma versão simplificada, mais acessível, da técnica meditativa trataka.

1 Em uma sala escura ou com luz fraca, coloque uma vela a mais ou menos um metro de distância de você na altura dos olhos e sente-se confortavelmente em posição ereta.

2 Estabeleça uma intenção de clareza e foco ao acender a vela.

3 Feche os olhos, se for confortável, ou suavize o olhar e olhe para o chão. Inspire e expire algumas vezes, devagar.

4 Na próxima inspiração, direcione o ar para a barriga.

5 Na próxima expiração, pressione lentamente o ar para fora, puxando o umbigo para dentro em direção à coluna vertebral.

6 Quando estiver pronto, abra os olhos ou erga o foco do chão, suavize o olhar e contemple a luz da vela, notando o movimento da chama.

7 Repare na forma como a respiração entra e sai do seu corpo e tente desacelerá--la ainda mais.

8 Desacelere e aprofunde cada inspiração e expiração à medida que continua contemplando a chama crepitante e oscilante – você pode notar as cores diferentes dentro da chama.

9 Tente contemplar a chama sem piscar, o máximo possível. Talvez seus olhos comecem a lacrimejar.

10 Se seus olhos começarem a se cansar, feche-os e foque através dos olhos fechados, vendo a chama com o olhar da mente.

11 Você pode continuar esta prática realizando-a durante alguns minutos por dia, começando com três minutos e chegando ao máximo de onze minutos, para proteger os olhos de danos na retina.

12 Quando estiver pronto para terminar, é só agradecer ao elemento Fogo por queimar e transmutar seu falatório mental e apagar a vela.

CONTEMPLANDO O CÉU

Gatos são criaturas tão encantadoras que há muito vêm inspirando seres humanos a nomear descobertas celestiais em homenagem a eles. Gatos cósmicos brilhando no céu noturno incluem as constelações de Leão, Leão Menor e até a do Lince. Também há a Nebulosa Pata de Gato, a Nebulosa Olho de Gato e as galáxias do "Gato de Cheshire". A última descoberta celestial felina, a Nebulosa Gato Sorridente, é um berçário estelar semelhante a um felino de sorriso largo.

Independentemente de conseguir ou não ver essas luzes cósmicas com nomes de gatos, você ainda pode contemplar o céu, uma prática maravilhosa para se conectar com a natureza exterior e, ao mesmo tempo, com a sua natureza interior.

Contemplar o céu é uma prática meditativa com raízes no Budismo Tibetano. Quando olhamos para o céu, podemos virar os olhos para cima, o que tem o efeito de produzir ondas cerebrais alfa que nos ajudam a permanecer relaxados e focados e a fortalecer a criatividade e a intuição.

Também notamos nuvens indo e vindo e, nesta prática, lembramos que somos como o céu: no cerne de quem somos, está um ser expansivo, sem limites, semelhante ao firmamento.

Durante esta prática, ao contemplar o céu expansivo, saiba que sua natureza é bastante semelhante à dele: ampla, vasta e ilimitada.

1 Escolha um período do dia que não seja claro demais, como de manhã cedo ou ao ocaso, de preferência quando o Sol não estiver brilhando muito. Encontre uma posição confortável ao ar livre, em que você possa olhar para o céu. Você também pode praticar dentro de casa, se houver um lugar do qual possa olhar para o céu desimpedido. Sente-se confortavelmente em posição ereta ou deite-se.

2 Feche os olhos e inspire devagar pelo nariz e expire pela boca.

3 Ainda de olhos fechados, role os olhos em direção ao topo da cabeça. Notando a respiração, mantenha os olhos virados para cima durante no máximo oito segundos, uma vez que eles vão se cansar logo. Esse gesto vai ajudar a produzir ondas cerebrais alfa.

4 Quando estiver pronto, abra os olhos devagar e mantenha um olhar suave ao assimilar o céu. Note o jogo e as sutilezas das cores, e as nuvens e seus formatos variados.

5 Inspire e expire devagar, mantendo a respiração suave e lenta enquanto observa as nuvens, notando suas diferentes formações. Considere o que é óbvio e, então, sintonize-se com as sutilezas do céu.

6 Inspire e expire lentamente enquanto continua a contemplar e a se sentir como o céu. Lembre-se de sua própria expansão.

7 Na próxima respiração, inspire o céu e, ao expirar, expire as nuvens. Inspire seu ser sem limites e expire a distração, qualquer coisa que não seja essencial ao seu ser.

8 Volte repetidas vezes à sua natureza ilimitada inerente. Lembre-se, você é o céu. Tudo o mais são nuvens e clima.

9 Continue no próprio ritmo pelo tempo que se sentir confortável.

10 Quando estiver pronto para finalizar a meditação, é só fechar os olhos, respirar fundo e agradecer ao céu e ao seu ser infinito.

CONTEMPLAÇÃO PROFUNDA

Já considerou o que um gato pode estar pensando quando olha fixamente para você? Talvez esteja perto da hora de comer e ele o esteja encarando com vontade ou para pedir algo, na esperança de que você finalmente coloque comida na vasilha. Ou, talvez, esteja apenas olhando para você enquanto começa a pegar no sono porque se sente seguro e muito relaxado, piscando devagar para demonstrar afeição e confiança.

Olhar nos olhos é uma prática comum nas meditações Sufi contemplativas, e envolve se sentar de frente para outra pessoa e olhar nos olhos um do outro. Pode ser um processo interessante e um pouco desconfortável, mas nos vemos, literalmente, refletidos através dos olhos do outro.

Isso também pode ser feito a sós em frente ao espelho, prática que compartilharemos aqui. Este é um convite para se conhecer onde quer que você esteja. Saiba que a percepção não é a verdade, é tão somente como vemos a situação, e, quando mudamos a maneira de ver as coisas, elas podem mudar.

Há contraindicações para pessoas com dismorfia corporal e ansiedade.

Esta é uma prática de suavidade e conexão por meio da qual é possível enviar amor e compaixão à pessoa no espelho, que está fazendo o melhor que pode com o que tem, e isso é mais que o suficiente.

1 Fique numa posição confortável em frente a um espelho.

2 Suavize o olhar ao contemplar os próprios olhos.

3 Fique alguns instantes refletindo:

- Como se conectar mais profundamente consigo mesmo
- Como é possível se ver através dos próprios olhos
- O que é consciente e inconsciente no seu ser?
- O que está sendo refletido de volta para você ao suavizar a respiração e respirar com mais profundidade e plenitude enquanto contempla o próprio reflexo?

4 Repare no que surge enquanto respira devagar e mira os próprios olhos. Permita que qualquer crítica severa venha à tona e deixe-a passar, simplesmente reconhecendo que ela pode surgir, passar e ir embora.

5 Enquanto contempla, você pode usar a respiração para suavizar os pontos de tensão de seu ser. Tente se conectar com a compaixão dentro de si para esta "pessoa" que o contempla de volta.

6 Continue olhando, respirando e estando com essa pessoa que você vê, notando sem julgamento tudo o que você é.

7 Mire cada um dos olhos durante algumas respirações, vendo e recebendo, sendo e respirando, lenta e profundamente. Continue por três minutos, aumentando a cada vez até cinco minutos. Se sentir desconforto em algum momento, pare. Quando estiver pronto para terminar, agradeça a si mesmo por se priorizar.

CONTEMPLANDO FLORES

Imagens de flores bonitas, gatinhos fofos ou, melhor ainda, de gatinhos fofos em um campo de flores são uma bomba certeira de dopamina para o cérebro. Quando estamos nos sentindo bem, podemos apreciar mais as coisas da vida, e a gratidão é o caminho definitivo para a paz interior.

Na filosofia chinesa e na religião do Taoismo, o Tao se refere ao caminho fundamental do universo. O princípio subjacente é que tudo deve ser feito no fluxo para estar em harmonia e em equilíbrio com o universo. Para certas pessoas, gatinhos fofos cheirando flores bonitas podem ser a cara da harmonia com o universo – pelo menos de acordo com o algoritmo do Instagram.

Aqui está uma prática que nos conecta com a natureza e a beleza ao redor e dentro de nós.

1 Em um ambiente interno ou externo, escolha uma única flor como objeto de meditação. Se não tiver acesso a uma flor, escolha uma foto de uma flor para olhar.

2 Sente-se confortavelmente em frente à flor. Inspirando e expirando devagar, contemple a flor diante de si, prestando atenção nos formatos das folhas e das pétalas.

3 Inspire o perfume da flor ou imagine qual seria seu aroma. Inspire e receba.

4 Repare na disposição das pétalas, a gama de texturas, cores e sutilezas na flor e nas folhas, respirando devagar.

5 Respirando ainda mais devagar, observe o jogo de luzes sobre a flor e as folhas. O que mais você nota nesta flor?

6 Ao contemplar a flor, você consegue vê-la como um espelho? Enquanto recebe a energia, a beleza e o perfume imaginado desta flor, o que ela pode estar refletindo de volta para você?

7 Agora, caso se sinta à vontade, feche os olhos e imagine a flor no olho da mente. Veja as cores e as formas através dos olhos fechados.

8 Comece a ouvir. Ouça o que este ser floral quer compartilhar com você. Que belezas e maravilhas dentro de si a flor está despertando? A flor está apenas sendo, sem dificuldades ou necessidade de ser nada além do que ela é agora.

9 Reconheça a energia natural ativada dentro de você simplesmente contemplando a beleza da natureza, cada célula de seu ser lembrando-se da beleza de seu estado natural. Tome o tempo que for preciso, já que só é preciso se sentar, respirar e ser.

10 Quando estiver pronto para encerrar esta interação, agradeça do jeito que achar melhor. Em seguida, abra os olhos.

CONTEMPLANDO GATINHOS

De todas as meditações contemplativas, escolher focar em um ser agradável de inspiração natural pode muito bem ser a sua favorita. Estamos falando, é claro, de contemplar gatos.

Não seria absurdo presumir, por ter escolhido este livro para inspirar suas meditações, que você ama ou admira gatos, e é muito provável que tenha acesso a um gatinho com quem praticar contemplação. Mas não se preocupe se não tiver, já que há outras maneiras de meditar em contemplação, inclusive usando a imagem da página anterior como objeto de foco.

Os benefícios desta prática são comparáveis aos de outras meditações em termos de redução de pressão arterial e, talvez, uma sensação de calma. Porém, esta meditação em particular pode induzir ainda mais alegria, portanto, aja com cautela!

Nesta prática usaremos um gatinho como objeto de foco, como um gato dormindo ou descansando, seja na vida real ou uma imagem deste livro.

1 Sente-se em frente a um gato descansando ou a uma imagem de um gato dormindo, a certa distância, para contemplá-lo.

2 Se achar confortável, feche os olhos. Inspire e expire devagar, notando como o ar entra e sai do seu corpo.

3 Quando estiver pronto, abra os olhos para olhar gentilmente para o gato. Receba a energia das cores, das texturas e de tudo o que estiver reparando neste animal.

4 Reserve este momento para reparar no formato que o gato assume ao descansar. Note a respiração suave e o movimento da respiração pelo gato, ou apenas imagine como a respiração se move.

5 Ainda olhando com suavidade, examine o animal, começando pela ponta das orelhas, reparando nos olhos, no pequeno focinho, nos bigodes e na boca. Considere o corpo, as patas e a cauda.

6 Veja se você consegue deixar que os olhos se suavizem ao contemplar a maciez desta criatura.

7 Enquanto você contempla o felino, permita-se respirar lenta e profundamente. Reserve o tempo que precisar para se concentrar em um aspecto de cor no pelo, ou talvez na variação de textura na pelagem do gato, e, em seguida, amplie o olhar para assimilar o formato completo do animal. Repare, sem julgamento, no que você sente ao contemplar o gato.

8 Continue por três minutos e, aos poucos, vá aumentando se quiser. Quando estiver pronto para encerrar a meditação, feche os olhos e visualize no olho de sua mente o gato descansando, e sinta essa paz.

RECONHECIMENTO E GRATIDÃO

Você já levou uma cabeçada de um gatinho? Ou já sentiu um corpinho se esfregando em sua perna? Atribua essas atitudes ao reconhecimento e à gratidão de um gatinho!

Tecnicamente, seu amigo peludo está, na verdade, esfregando feromônios em você, provavelmente deixando sua "marca" que identifica algo ou alguém como seguro e familiar. Contudo, mais parece que ele está expressando seu reconhecimento por você alimentá-lo ou sua gratidão por você ter voltado para casa.

Nós, seres humanos, deveríamos ter a mesma atenção ao expressarmos reconhecimento e gratidão. Estudos demonstraram, várias vezes, que sintonizar com a gratidão pode ter um impacto positivo em nosso bem-estar geral, além de nos ajudar a nos sentir mais conectados e mais felizes na vida.

Provavelmente já sabemos que devemos ser gratos pelo que temos, mas será que colocamos isso em prática de uma forma significativa e impactante para nosso corpo e nosso sistema energético? É muito fácil não dar valor ao que temos. Não sabemos o que temos até não termos mais, e então a gratidão dobra de tamanho.

Esta prática é um convite para assimilar de fato a gratidão, que, muitas vezes, começa com o reconhecimento. A gratidão muda nosso foco e nossa energia para o que já temos, e fornece um senso de plenitude que abre as comportas para mais em nossa vida.

O coração conta com uma capacidade infinita para reconhecimento e gratidão, e, sintonizando-o com ambos, podemos nos sentir mais felizes e reconhecer quanto já temos. Isso, por sua vez, abre as portas para recebermos ainda mais.

1 Sente-se em uma posição confortável com as mãos no coração, uma por cima da outra. Este é um convite para se conectar com o espaço do coração, com seu belo órgão que bate e abarca tantas coisas.

2 Feche os olhos, se se sentir à vontade. Do contrário, suavize o olhar.

3 Lembre-se de que cada inspiração e expiração são uma bênção: uma bênção da energia vital, o *prana*.

4 Continue a se abençoar com a respiração, sabendo que, à medida que o ar entra e sai, ele nutre o corpo, a mente e o espírito.

5 Enquanto continua a se abençoar com respiração intencional e atenta, as mãos ainda conectadas ao espaço do coração, traga ao olho da mente tudo aquilo por que você sente gratidão verdadeira. Tente não pensar naquilo por que você "deveria" manifestar gratidão; em vez disso, deixe a verdade vir à tona, a qual você reconhecerá pelo seu senso de intuição.

6 Conecte-se com três coisas pelas quais você é grato neste exato momento, e repare em como se sente no corpo e no coração. Note as sensações e permita que o senso de pura gratidão traga uma imagem ao olho da mente, ou talvez apenas imagine uma cor que represente sua gratidão.

7 Imagine, veja, sinta o gosto e o toque da gratidão, empregando todos os sentidos para torná-la o mais real possível. Sintonize--se com ela e reserve o tempo que quiser para se deleitar nesta gratidão.

8 Deste lugar de gratidão, você pode começar a se conectar com o reconhecimento de uma situação, momento ou relacionamento difíceis. O reconhecimento é o que podemos trazer a uma situação mais desafiadora. Talvez você ainda não sinta gratidão pela situação, ou jamais venha a sentir, mas o que pode reconhecer neste momento em termos de sabedoria, tendo vivenciado, ou ainda vivenciando, a experiência?

9 Fique um tempo respirando devagar e veja o que surge. Confie que esta prática ajuda a abrir o corpo e a suavizar o organismo para receber de um lugar de entrega, para curar e receber além do que sabemos ser possível. Sente-se por três a cinco minutos, e, se esta prática ressoar em você, aumente para quinze minutos.

10 Quando sentir que esta prática finalizou, traga as mãos em prece e agradeça a si por reservar este tempo para se mover em direção a mais felicidade.

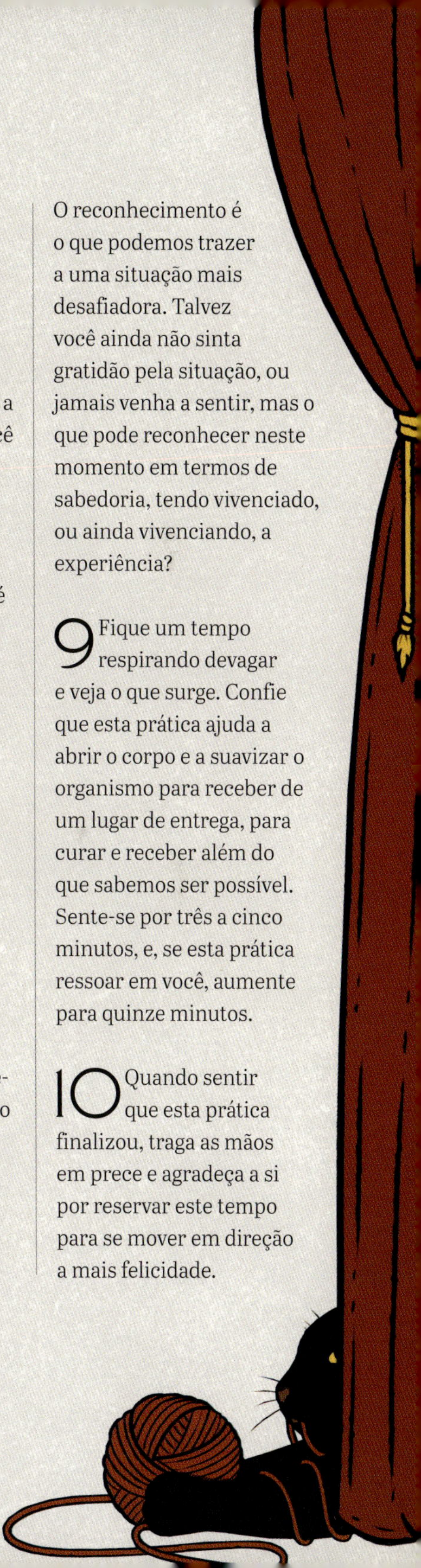

CAPÍTULO DOIS

APENAS MIE

Encontre sua voz, expresse-se e fale sua verdade. Neste capítulo, exploraremos maneiras de criar e receber sons que conectam o físico com o universal, consideraremos a medicina vibracional da frequência e da respiração e aprenderemos como essas práticas ajudam a regular o sistema nervoso de modo que possamos viver de forma autêntica.

"NÃO HÁ SENTIDO EM FALAR SOBRE 'SER VERDADEIRO CONSIGO MESMO' ATÉ QUE SE TENHA CERTEZA DA VOZ COM QUE SE ESTÁ SENDO VERDADEIRO. É PRECISO UM TRABALHO ÁRDUO PARA DIFERENCIAR AS VOZES DO INCONSCIENTE."

– MARION WOODMAN

FREQUÊNCIAS FELINAS

Dizem que os gatos aprenderam a miar como forma de interagir com os humanos, e que miados são usados para esse propósito exclusivo. No entanto, vídeos capturando a vida oculta dos gatos feitos com pequenas câmeras portáteis, muitas vezes presas na coleira do animal, revelam que, ao lado da comunicação interfelina geral de chilreios, gorjeios e murmúrios, também acontecem muitos miados.

Assim como os sons que os gatos fazem para se comunicarem entre si, nós, humanos, temos alguns que agradam a nossos companheiros felinos. Se você já teve a sorte de ter tido um gato em sua vida, em algum momento, saberá que o som *pspspsps*, ao que parece, é o chamado universal para gatos. Tutores de *pets* muitas vezes usam o *pspspsps* para chamar um gato de volta para casa ou, no mínimo, chamar sua atenção. Mas por que esse som é tão irresistível para os felinos?

Gatos possuem audição extremamente sensível. Podemos fazer um *pspspsps* da cozinha e eles vão despertar de um sono profundo dentro do armário do quarto e vir correndo! Eles são capazes de ouvir uma ampla diversidade de sons, e em frequências muito mais altas do que os seres humanos ouvem. Então, não se assuste quando seu companheiro gatinho olhar fixa e intencionalmente para uma parede como se houvesse algo ali. Provavelmente não é um fantasma, mas um barulho que ele ouviu.

Quando usamos a combinação de sons e frequências em *pspspsps*, podemos estar imitando, sem querer, o som do farfalhar de uma presa em meio a folhas, o que atiça a curiosidade dos gatos e chama sua atenção para nós. É claro que sempre existe a possibilidade de o chamado de *pspspsps* vir acompanhado de comida – hora do jantar! –, tornando-se, portanto, um som associado a um petisco.

Essas duas explicações podem ser aplicadas a humanos, em termos de nossa capacidade de usar sons para nós mesmos, por exemplo, através do ancoramento do som de um mantra com um estado de calma! Com a repetição, podemos usar som e frequências para mudar nosso estado de espírito.

RESPIRAÇÃO DA ABELHA

O ronronar de um gato é tranquilizador e equilibra o organismo. De maneira similar, a vibração em seres humanos pode ser muito benéfica para o sistema nervoso parassimpático. O pranayama Bhramari, *também conhecido como Respiração da Abelha, é uma técnica de respiração que envolve vibração, já que ela se parece com o som de uma abelha.*

Bhramari é o nome de uma abelha preta na Índia, além de ser o termo sânscrito para "abelha". A prática da respiração da abelha tem muitos benefícios! Sabe-se que ela ajuda a aliviar ansiedade, a depressão e a ruminação. Os sons vibracionais internos podem tranquilizar a mente, purificando qualquer energia externa, enquanto a frequência dos zumbidos ajuda a trazer mais coerência para o corpo, equilibrando a frequência cardíaca e a respiração, e regulando o sistema nervoso.

A vibração é uma ferramenta que podemos acessar praticamente a qualquer momento. Quanto mais você trouxer a vibração para sua vida diária, melhores serão resultados.

Este exercício não deve ser praticado durante a menstruação ou a gravidez. Também é contraindicado em casos de pressão alta, epilepsia, dor no peito ou otite. Não pratique em posição deitada.

Antes de começar, localize o trago, a pequena aba de cartilagem ao lado das orelhas, nas laterais das bochechas.

1 Sente-se em posição ereta e confortável, de olhos fechados, se quiser. Respire lenta e profundamente. Coloque um polegar em cada trago, repousando os outros dedos na cabeça.

2 Inspire devagar pelo nariz. Expire pelo nariz de boca fechada e faça um som baixo e contínuo, como o zumbido de uma abelha, até precisar inspirar. Isso é um ciclo.

3 Continue por mais alguns ciclos, reparando no que vem à consciência enquanto continua respirando e vibrando.

4 Com inspirações subsequentes, saiba que está assimilando mais ar, mais energia vital. Com expirações subsequentes, sintonize-se com as vibrações em seu rosto e em sua cabeça enquanto faz os sons/zumbidos.

5 Mantenha o foco no som que está produzindo e reconheça que ele está equilibrando sua mente e seu corpo. Tudo, desde o mais ínfimo componente molecular, está vibrando. Tudo é frequência, e quando vibramos podemos equilibrar a frequência em nosso corpo e na vida.

6 Pratique de três a cinco minutos.

7 Quando acabar, ainda de olhos fechados, descanse as mãos e permaneça sentado por uns instantes, apenas sendo.

RESPIRAÇÃO SIBILANTE

Gatos sibilam quando ameaçados ou assustados, como alerta e na esperança de que um bom sibilo seja suficiente para evitar maiores consequências – eles preferem evitar confrontos.

O termo *Sitkari* refere-se ao som do sibilo em sânscrito, e podemos usar essa prática respiratória de maneira similar à reação felina: para acalmar a mente e as emoções, em especial quando furiosos e irritadiços. É uma excelente respiração calmante para passar por situações complicadas em que você talvez queira sibilar espontaneamente para todo mundo!

Esta respiração sibilante é muito simples de praticar, e também pode ajudar com insônia, calores da perimenopausa/menopausa, hipertensão, problemas digestivos, clareza mental e muito mais.

Esta prática respiratória é contraindicada para quem tem pressão baixa, enxaqueca ou problemas cardíacos.

A cada inspiração sibilante, imagine-a resfriando e acalmando seu corpo e sua mente. A cada expiração, imagine-a movendo o excesso de calor do corpo e da mente, liberando estresse, raiva e ansiedade.

1 Sente-se em posição ereta e confortável, de olhos fechados, se quiser. Descanse as mãos sobre as coxas ou os joelhos e inspire e expire devagar.

2 Coloque a ponta da língua no palato, deixando que ela descanse atrás dos dentes da frente. Encoste levemente os dentes superiores e os inferiores, com os lábios entreabertos.

3 Na inspiração, aspire o ar por entre os dentes, fazendo um som de sibilo enquanto o ar entra e sentindo uma sensação refrescante enquanto ele passa pelos dentes e vai subindo pela língua.

4 Na expiração, solte a língua e os dentes, feche os lábios e solte o ar pelo nariz. Isso completa um ciclo.

5 À medida que você continua num ritmo lento e estável, sinta a respiração refrescante que está aspirando para dentro do corpo a cada inspiração pelos dentes. A cada expiração pelo nariz, permita-se clarear quaisquer emoções irritadiças em sua mente e em seu corpo.

6 Continue esta prática, começando com um minuto e chegando a três minutos ou mais, para permitir que seu sistema nervoso comece a se regular.

7 Quando tiver completado o último ciclo de respiração, reserve um momento para se sentar tranquilamente, notando o que está sentindo e o que mudou para você.

CHAKRA DA GARGANTA

Você se vê em situações em que "o gato comeu sua língua"? Sintonizar-se com o chakra da garganta pode nos ajudar a lidar com esses momentos desagradáveis.

De acordo com muitas tradições orientais, os chakras são centros de energia pelo corpo que trazem energia do mundo externo para nosso mundo interno e vice-versa. Esses centros de energia correspondem a feixes de nervos dentro do corpo. Quando nossos chakras estão equilibrados, a energia flui. Desequilíbrios e bloqueios nos centros de energia aparecem no corpo físico e no emocional.

O chakra da garganta está associado com a verdade e a comunicação, além de ser o chakra relacionado à expressão criativa.

Mantras-semente – também conhecidos como mantras *bija* – são palavras monossilábicas que, acredita-se, ajudam a ativar seus chakras correspondentes. Usar sons-semente nos ajuda a purificar e a equilibrar um chakra, de modo que a energia possa fluir desimpedida. O mantra-semente para a garganta é HAM.

Algumas maneiras de equilibrar seu chakra da garganta incluem:

- Cantarolar e/ou cantar em voz alta.
- Meditar com pedras ou cristais de cor azul, como água-marinha, topázio azul, turquesa, amazonita ou celestita.
- Usar brincos ou colar de pedras e cristais azuis.
- Cantar em voz alta, sobretudo a sílaba-semente HAM, para abrir e fortalecer o fluxo de energia através desse chakra.

Azul é a cor do chakra da garganta. Visualizar a cor azul e sentir a sensação do azul reforça esse centro de energia. Quanto mais você praticar visualizar o poder e a energia da luz azul em sua garganta, mais se empoderará para expressar sua verdade e sua criatividade.

1 Sente-se em posição ereta e confortável e esfregue as palmas das mãos algumas vezes, para criar calor.

2 Segure ou faça uma concha com as mãos sobre a garganta, de um jeito simples e relaxado, sem tensão ou esforço.

3 Feche os olhos, se for confortável, e respire normalmente. Sinta o calor das mãos e a energia que emana delas, aplacando sua garganta e seu pescoço. Sinta as mãos compartilhando conforto e apoio.

4 Trazendo um foco suave à sua garganta e ao olho de sua mente, direcione sua atenção e sua energia ao chakra da garganta. Repare em qualquer sensação que ocorrer enquanto, devagar, mantém sua consciência na garganta. Se precisar, baixe as mãos para descansá-las a qualquer momento.

5 Agora visualize a cor azul. Repare no tom de azul visualizado. É claro ou escuro? Veja o azul como um tipo de luz ou energia.

6 Permita que a cor azul se expanda através da garganta e do pescoço, e daí para o restante do corpo.

7 Na próxima inspiração e expiração, imagine que essa energia azul é a cor de sua verdade e expressão criativa. Repare no que acontece à energia azul conforme continua respirando longa e profundamente. E, ao permitir que o azul se expanda, inspire profundamente e entoe em voz alta o mantra do chakra da garganta, HAM, que soa como HUM, quantas vezes conseguir numa única respiração, e inspire mais uma vez para entoar, fazendo mais dois ciclos. Enquanto entoa, sinta a vibração nos lábios e na garganta e continue visualizando a cor azul.

8 Leve o tempo que quiser para mergulhar no azul. Quando estiver pronto para terminar, agradeça por tudo o que recebeu, consciente ou inconscientemente.

CURA PELO SOM

Todos nós temos consciência do poder de cura do som para acalmar nossos organismos estressados; na verdade, seres humanos e gatinhos podem reduzir o estresse ouvindo música clássica suave. Acredita-se que os gatos apreciam especialmente músicas compostas em oitavas mais altas, conforme um teste feito em consultórios e clínicas veterinárias.

"Cimática" é o estudo do som tornado visível, em que diferentes frequências sonoras criam padrões incríveis através de meios variados, como sal, areia, luz e água. A forma desses belos padrões geométricos depende da frequência das ondas sonoras. Quando a frequência muda, a forma e o molde original começam a se romper, ficam caóticos enquanto se reagrupam, e se abrem em outro belo formato geométrico.

A fim de nos tornarmos e abraçarmos nossa verdade, precisamos nos permitir nos desfazer. Pense na forma geométrica se rompendo no caos enquanto fica clara. Como podemos começar a desmantelar o mundo tal como o conhecemos e criar o mundo que queremos ver? Como desmanchar, peça por peça, as sólidas estruturas de nossas convicções, a condição arraigada que a sociedade, a cultura, e familiares e conhecidos moldaram em nós? Começamos por dentro. Começamos por nós mesmos.

Esta é uma tarefa desafiadora que, felizmente, pode ser facilitada por meio da cura pelo som, que usa som, ressonância e intenção para restaurar o equilíbrio e empoderar o corpo.

Se possível, frequentar banhos sonoros em grupo é incrível, mas também há recursos naturais de cura pelo som com que você também pode sintonizar, como barulho de pássaros ou de chuva, cujos sons consistentes podem acalmar e regular o sistema nervoso.

1 Pesquise gravações em áudio de cantos de pássaros ou chuva, ou pássaros cantando na chuva, como sons de florestas tropicais. Coloque o arquivo de som que você escolheu para tocar sem parar, em modo de repetição.

2 Deite-se e foque suavemente em sua respiração, com cada respiração ajudando seu corpo a subir e a descer.

3 Permita que todos os sons, distantes e próximos, participem de sua experiência, acalmando, equilibrando, recuperando e nutrindo a mente, o corpo e o espírito.

4 Enquanto assimila os sons, talvez você note que:

- Cada inspiração é um relaxamento acolhedor, e cada expiração é uma liberação de tensão.
- Cada inspiração traz equilíbrio, e cada expiração traz alívio.
- Tudo está bem enquanto os pássaros cantam suas canções melodiosas.
- Tudo está bem enquanto a chuva cai sobre a terra.
- Tudo está bem enquanto você continua a respirar e a receber.

5 Confiando que agora tudo está restaurado, leve o tempo que precisar para sentir e respirar a natureza ao seu redor e dentro de você.

6 Quando estiver pronto para finalizar a meditação, é só agradecer aos belos sons da natureza e trazer sua consciência de volta ao espaço.

ENTOANDO CÂNTICOS

Você já ouviu um miado alto de um gato? É diferente de um miado básico. É um uivo, e o objetivo é ser alto. Há vários motivos para uivar, desde fome e tédio até o chamado por um parceiro, ou por conta de confusão na velhice. Humanos podem aprender a miar alto de maneira mais positiva e benéfica; chamamos isso de cânticos.

Quando mergulhamos nas variadas camadas sutis de nosso ser, o mundo se abre de maneiras miraculosas e fantásticas. Entoar sílabas sagradas ativa o que é sagrado dentro de nós. Como criar, e não encontrar, a coragem para viver com clareza e verdade? Podemos começar usando nossas vozes para entoar cânticos a fim de dar a nós mesmos a coragem para expressar em voz alta nossa verdade.

Quando entoamos cânticos, movemos a boca para produzir sons e orações que há séculos são sagrados. Iniciamos o sistema nervoso parassimpático para descansar e digerir. Tornamo-nos parte da energia coletiva através de linhagens de tradições antigas, entoando os mesmos sons e vibrações repetidas vezes ao longo de séculos. Tornamo-nos parte dessa transformação, dessa incorporação do divino por meio do som.

Esta prática introduzirá uma frase simples de quatro palavras como uma variação do mantra tradicional de origem sânscrita, que é a língua sagrada do Hinduísmo, do Budismo e do Jainismo. Também usaremos um mudra, um método de pressionar os dedos que, em essência, ancora um sentimento dentro do corpo. Nas tradições yogues, os mudras ativam a energia através do corpo para apoiar nossas intenções.

1 Sente-se em posição ereta e confortável, as mãos descansando sobre as coxas, com as palmas voltadas para cima.

2 Feche os olhos se for confortável, se não, basta suavizar o olhar em direção ao chão.

3 Pressione levemente os dedos de ambas as mãos, começando pelo polegar com o dedo indicador, depois, polegar com dedo médio, polegar com anelar e polegar com dedo mínimo; em seguida, reinicie o ciclo.

4 Escolha uma das frases a seguir, ou, talvez, outra frase de quatro palavras, ou apenas quatro palavras que você deseje incorporar mais à sua vida:

Sou a paz incorporada.

Sou o puro amor.

Sou a pura paz.

Foco, calma e bênçãos.

Coragem, paz, amor e força.

5 Siga este padrão:

- Entoe as palavras em voz alta enquanto pressiona os dedos por três ciclos.
- Entoe as palavras num sussurro enquanto pressiona os dedos por três ciclos.
- Entoe mentalmente as palavras enquanto pressiona os dedos por três ciclos.

6 Você pode repetir os três ciclos se quiser continuar por mais tempo.

7 Quando estiver pronto para encerrar a prática, traga as mãos em prece e finalize com gratidão.

MANTRA

Será que a palavra gato ou a frase "Adoro gatos!" contam como mantra, por assim dizer, se elas interceptarem seu cérebro cheio de ansiedade e que pensa demais? O Gatinho Místico diz que sim, com certeza!

Do sânscrito para "mente" e "ferramenta", mantras há muito são usados no Hinduísmo e no Budismo como uma maneira de focar no que queremos e interromper pensamentos do que não queremos. É como uma música-chiclete proposital e benéfica!

Mantra é a repetição de um som, uma palavra ou uma frase, bem como uma ferramenta usada em cânticos devocionais, mais comumente uma frase em sânscrito de tradições hindus ou budistas como ponto de foco. O que ouvimos repetidas vezes se torna integrado em nossa mente e contribui para a criação da realidade que percebemos. Afirmar o mantra em sua cabeça é uma autorreprogramação do cérebro.

Pensamentos negativos são um hábito, e esses pensamentos repetitivos que você transmite para seu mundo interior podem se tornar a realidade do seu mundo exterior. Com a atenção plena e a consciência, podemos ser intencionais em relação ao que gostaríamos que fosse diferente, incluindo mudar nossos pensamentos para que nosso ponto de foco, a que direcionamos nossa energia, cresça.

Há muitos mantras que você pode pesquisar *on-line*, palavras e frases que vêm sendo usadas ao longo da história em diversas tradições para convidar a clareza mental e a calma. Você também pode escolher palavras simples, mas potentes, como amor, se a sintonia entre ela e o seu corpo for forte. Por exemplo, você pode focalizar na palavra *gato* e ver como ela muda sua energia e seu estado de espírito!

Mantras podem ser repetidos em qualquer hora do dia, entoados em voz alta ou mentalmente; quanto maior a frequência, melhor. E a maneira escolhida para trabalhar seu mantra depende apenas de você, inclusive descobrir as palavras, as afirmações e os cânticos sagrados que mais combinem com você.

Neste exemplo, usamos "So Hum", o mantra universal que significa "Eu Sou", que tem efeito purificador e restaurador.

1 Sente-se numa posição ereta e confortável, de olhos fechados, se quiser.

2 A cada inspiração lenta, inale, mentalmente, "So".

3 A cada expiração lenta, exale, mentalmente, “Hum”. Talvez você comece a ouvir naturalmente “So” enquanto inspira, longa e profundamente, e “Hum” ao expirar, longa e profundamente.

4 Continue por três minutos ou mais, focando no mantra.

5 Quando estiver pronto para encerrar, finalize o ciclo de respirações. Reserve um momento para ficar em silêncio e note como se sentia antes e o que mudou agora. Traga as mãos em prece e agradeça.

VIBRAÇÕES COM RONROM

Pode-se dizer que gatinhos são os melhores facilitadores da cura pelo som. Aquele ronrom fofo que se parece com um motorzinho funcionando é repleto de benefícios curativos, algo que os humanos podem replicar para si mesmos com uma simples vibração.

Gatos ronronam quando estão contentes, embora também possam ronronar quando não estão se sentindo bem, como uma forma de se acalmarem. Ronronar ativa o nervo vago do felino, que é fundamental para regular o sistema nervoso quando se está estressado. Demonstrou-se que a frequência de um ronrom corresponde a frequências que ajudam a curar fraturas ósseas, a reduzir inflamações e a estimular a regeneração dos tecidos.

A vibração do ronronar de um gato é calmante e tranquilizante também para seres humanos, mas, se você não tem um gato à disposição, pode usar sua própria forma de ronronar através de vibrações da voz a fim de reduzir o estresse, aterrar e elevar sua energia, respirar com mais facilidade e abrir os seios da face. Vibrar reduz os batimentos cardíacos, baixa a pressão arterial e revitaliza as células e a energia.

Vibrar é uma maneira excelente de relaxar, estimulando e fortalecendo o nervo vago. A beleza dessa prática é que você pode fazê-la em qualquer lugar, e ganhará ainda mais benefícios ao torná-la uma atividade intencional e regular.

1 Escolha uma posição confortável; pode ser sentado, deitado ou parcialmente reclinado.

2 Reserve um tempo para respirar para dentro do corpo enquanto fecha os olhos. Faça uma inspiração e uma expiração suaves e analise o corpo, notando onde pode haver tensão ou outras sensações que chamem sua atenção.

3 Inspire longa e profundamente e comece a vibrar a voz, soltando levemente o som "Huuumm". Você pode cantarolar uma melodia que lhe seja familiar ou sua própria melodia com quaisquer tons que surgirem.

4 Enquanto vibra, vá sorrindo. Imagine que o som e a vibração que você está fazendo começam a abrir espaço no seu corpo, organismo e vida. Sinta a vibração se movendo pelo corpo, liberando qualquer tensão.

5 Agora, imagine que a vibração está levando embora tudo o que está velho ou estagnado dentro do corpo, dissolvendo estresse, sobrecarga ou confusão, ajudando a mudar sua maneira de pensar e sua energia.

6 Enquanto continua a vibrar suas cordas vocais por meio desse som, saiba que está criando mais clareza no seu corpo, organismo e vida. Você está usando o próprio som para facilitar um banho de sons, sua própria purificação pelo som.

7 Quando estiver pronto para encerrar a meditação, traga uma mão ao coração e a outra à barriga ou ao plexo solar, conectando-se com o corpo, e finalizando com gratidão por tudo.

MUDRA DO GATO-REI

Você sabia que, na China, Elvis Presley é chamado de rei dos gatos? Talvez por causa de seus movimentos leves, ou porque ele era gracioso e, ah, tão bonito, mas para os chineses ele é o supremo rei dos gatos. Como podemos incorporar alguns trejeitos do gato-rei?

Poderíamos começar a cantarolar "You ain't nothin' but a hound dog" no chuveiro todos os dias, mas é improvável que teríamos a sensação de confiança que Elvis exalava. Em vez disso, apresentamos a você o mudra do gato-rei, também conhecido como mudra do trovão ou mudra *vajrapradama*. A palavra sânscrita *vajra* significa "trovão" ou "diamante", e, de acordo com a tradição budista, o trovão/diamante corta a dúvida e traz energia para o espaço do coração que instila confiança e segurança ali.

Esta prática é uma mistura de mudra e de um mantra-semente *bija* para o chakra do coração (o som YAM) para construir poder interno, fortalecer o coração e restaurar a confiança e a fé.

Ainda que as instruções dadas por esta prática recomendem que se sente, este exercício pode ser executado em pé, sentado ou deitado. É claro que, se desejar, você pode praticar o mudra e o mantra separadamente.

1 Sente-se em posição ereta e confortável, de olhos fechados ou olhando suavemente para baixo. Gire os ombros para trás e para baixo.

2 Coloque as mãos horizontalmente na frente do peito, com as palmas voltadas para você, e os dedos bem abertos. Entrelace os dedos das mãos para que os dedos médios se intercruzem a meia-seção dos dedos, apontando para lados opostos. Descanse o dedo indicador direito na unha do dedo indicador esquerdo, com os polegares apontando para cima. Você pode descansar este mudra sobre o peito ou apenas deixá-lo à frente dele, conectando-se com o espaço do coração. Relaxe os cotovelos para baixo e respire devagar e profundamente.

3 Inspire devagar e comece a entoar o mantra YAM, que é o som do centro energético do chakra do coração. Reserve um tempo para elaborar o som e sentir a vibração que é criada no seu espaço cardíaco. Repita até precisar inspirar de novo, depois, inspire e comece mais uma vez.

4 Pratique este mudra e o mantra por três minutos e, ao fazer isso, imagine a energia do diamante e a do trovão cortando e clarificando a dúvida, o medo e a ignorância em seu corpo e organismo. Sinta que você está sendo infundido de poder interno e brilhantismo através da respiração, do som e do mudra. Com o tempo, você pode aumentar a duração da prática para onze minutos.

5 Quando estiver pronto para encerrar, inspire e prenda de leve a respiração à medida que a energia irradia por todo o seu corpo e seu ser e, em seguida, expire. Desfaça o mudra e deixe as mãos descansarem. Reserve alguns momentos para observar as diferentes mudanças no seu corpo.

APANHAR UMA POMBA

O burburinho "ek ek ek ek" quando o gatinho avista um pássaro é uma forma de imitação, chamando sua presa na esperança de apanhá-la com suas patas peludas, suas garras afiadas e seus dentes mortais. Esse ardil psicológico faz de nossos felinos predadores formidáveis, e uma doce pombinha não é páreo para o auge de nosso predador doméstico.

Nesta prática, podemos imitar gatinhos caçadores com uma pomba nas mãos, sem a destruição, mas, em vez disso, ativando a paz através do mudra e do mantra *kapota*. *Kapota* significa "pomba branca" em sânscrito, e este mudra acalma o corpo, a mente e o espírito. O mantra acompanhado do mudra neste exercício é "Om Shanti Om". Om é o som sagrado do universo e Shanti significa "paz". Quando entoamos esse mantra, trazemos tranquilidade para nossos mundos interno e externo.

Ainda que as instruções dadas por esta prática recomendem que se sente, este exercício pode ser executado em pé, sentado ou deitado.

Você pode praticar o mudra e o mantra separadamente.

1 Sente-se em posição ereta e confortável, de olhos fechados ou olhando suavemente para baixo. Gire os ombros para trás e para baixo.

2 Relaxe os ombros para as laterais, descanse os antebraços no peito e traga as mãos em prece ligeiramente afastadas do peito. Toque as pontas dos dedos e a base das palmas das mãos e mova as pontas dos dedos um pouco para baixo de modo que as articulações dos dedos se flexionem um pouco para as laterais. Mantenha as pontas dos dedos tocando as pontas dos dedos da mão oposta e pressione os polegares para dentro, em direção aos dedos indicadores. Deve haver espaço entre as mãos. Olhando para baixo, o desenho das mãos se parece com uma pomba.

3 Com a pomba nas mãos, inspire e expire devagar. Sintonize-se com a energia da pomba em suas mãos, cheia de paz, suave, evocando uma sensação de gentileza e compaixão interna. Inspire a consciência desta calma e deste amor, expirando tudo que não seja amor e calma.

4 Entoe mentalmente o mantra ou, caso se sinta confortável, entoe-o em voz alta, enviando as vibrações ao campo coletivo pelo bem maior. Então, inspire o cântico lentamente em uma respiração "Om Shanti Om", o som sagrado do universo e paz para nós e para todos. Sinta a vibração de paz nos lábios e no corpo.

5 Continue entoando e mantendo o mudra por três minutos – com o tempo, você pode aumentar para onze minutos e até trinta minutos.

6 Quando estiver pronto para encerrar, solte o mudra e descanse as mãos. Sente-se em silêncio, assimilando a sensação de paz interior e ao redor. Acredite que, quanto mais praticamos este mudra e este mantra, mais paz e compaixão são criadas dentro de nós e no mundo à nossa volta.

CAPÍTULO TRÊS

APENAS BRINQUE

A meditação nem sempre tem de ser praticada em posição sentada, e o movimento é tão importante quanto a imobilidade. Canalize seu gatinho brincalhão interior e seja curioso, entre no fluxo e veja o que acontece. Neste capítulo, exploraremos formas ativas de meditação, movimento meditativo, *ásanas* do yoga e práticas de medicina energética. A energia precisa se movimentar, e a criatividade se abre quando tem espaço para isso.

"QUEM QUER ENTENDER MUITO DEVE BRINCAR MUITO."
– GOTTFRIED BENN

DIVERSÃO FELINA

Não esquente a cabeça com coisas pequenas; brinque com elas em vez disso, diz o Gatinho Místico, porque você sempre vai cair de pé!

A beleza de passar um tempo com um gatinho é que começamos a brincar também! E as maneiras mais estimulantes de brincar com um gato nos levam a pensar como um gato. Balançar, despreocupadamente para a frente e para trás aquele passarinho plumado de brinquedo num fio pode ser interessante nas primeiras vezes, mas isso logo vai entediar nossos amigos felinos espertos após algumas séries. Ao contrário, se você arrastar devagar o brinquedo, como se fosse uma presa ingênua a ser perseguida e caçada, e depois a fizer voar, começará a engajar seu amigo gato e, talvez, divertir-se também. Gatos precisam de momentos de brincadeira para sua saúde física e mental, e – talvez uma grande surpresa para alguns – seres humanos também precisam brincar!

Para os gatos, brincar é uma maneira essencial de praticar e cultivar suas habilidades naturais de caça. Há uma suspensão da incredulidade quando o gatinho está hiperfocado, caçando e batendo num rato de brinquedo em um fio. O foco na presa, e o pequeno abanar de rabo antes do golpe, é o ápice do espírito festeiro do gato.

Nós também podemos ser incentivados a brincar mais e a parar de levar a vida tão a sério. Ao desfrutarmos de mais atividades divertidas em nossos dias, experimentamos encanto e magia e vemos maravilhas por toda parte. Para atrair mais leveza e diversão à nossa vida, podemos começar com algum movimento intencional. Se podemos ser leves e divertidos em nossos movimentos, podemos trazer mais leveza e diversão à maneira como vemos a vida. Quando nos movemos com mais diversão, ativamos a intuição.

Cultivar mais diversão na vida também leva a mais agilidade, flexibilidade e capacidade de articular e se adaptar. A brincadeira é a chave se quisermos prosperar, e não apenas sobreviver na vida.

POLICHINELOS

O lince-do-deserto é um gato selvagem com peso médio de 8 a 19 kg que pode saltar mais de três metros no ar para apanhar aves voando. Esse impressionante gato saltador com tufos nas orelhas pode ser encontrado na África, no Oriente Médio e na Turquia. As fortes patas traseiras do lince-do-deserto e a agilidade o tornam um incrível saltador e caçador. Talvez pular mais poderia tornar também os seres humanos mais fortes e ágeis!

Quando foi a última vez que você fez polichinelos? Quando era criança, talvez? E, mais apropriadamente, quando foi a última vez que você fez polichinelos de alegria?

Tente fazer uns polichinelos para trazer um pouco mais de alegria à sua vida. Lembra-se do gatinho no YouTube recebendo cócegas de seu dono? Deitado de costas, suas patinhas se estendem de surpresa quando a mão humana que faz cócegas é retirada. O gatinho incorpora pura alegria e deleite. Você também pode imitar esse gatinho ao colocar as patas no ar e incorporar mais alegria fazendo alguns polichinelos!

Polichinelos são um exercício para o corpo todo que pode melhorar a saúde cardiovascular, fortalecer os músculos, aprimorar a força do core e a estabilidade, além de queimar calorias. Mas, além de tudo isso, é muito divertido. Todos deveríamos ter mais diversão em nossa vida, então, comece a pular!

Coloque uma música animada e divirta-se com seus polichinelos.

1 Fique de pé, com os pés afastados na largura dos ombros, os braços nas laterais, as palmas tocando as coxas. Dobre ligeiramente os joelhos, com os pés voltados para a frente.

2 Na inspiração, salte afastando os pés para os lados e erga os braços para fora e acima da cabeça, de modo que seu corpo fique em formato de estrela.

3 Na expiração, jogue os braços de volta para baixo enquanto volta os pés para a posição inicial.

4 Repita os passos 2 e 3 quantas vezes achar necessário. Cinco a dez repetições podem ser o bastante para começar. À medida que ficar mais condicionado e forte, poderá fazer mais séries de polichinelos.

5 Para saltos mais intencionais, imagine que você está eliminando todo o peso dentro de si, criando espaço para mais alegria.

6 Quando encerrar a última série, descanse as palmas nas laterais das pernas, feche os olhos e deixe a respiração normalizar por um minuto ou mais. Saiba que você ativou a energia de alegria e de diversão em seu organismo.

ADAPTAÇÃO

Para polichinelos menos enérgicos, em vez de pular com os pés para fora e para dentro, ponha um pé para fora enquanto balança os braços para cima, e então retorne à posição original. Alterne as pernas a cada salto.

PASSARELA

Gatos são criaturas tão elegantes ao andar que não é de admirar que eles pareçam desfilar em passarelas, como nos desfiles de moda.

Os gatos têm um modo de andar denominado "registro direto", em que a pata traseira pousa exatamente no mesmo ponto em que a pata dianteira havia pisado. Gatos são projetados para serem minipredadores de elite, movendo-se de uma maneira lenta e deliberada ao perseguir uma presa. Esse movimento eficiente os ajuda a ser superfurtivos, e reduz rastros visíveis. Gatos também não erguem muito as patas ao andar, o que minimiza o barulho e conserva a energia.

Andar como um gato é uma prática profundamente meditativa! Para seres humanos, não é fácil andar de forma deliberada e elegante, então como podemos incorporar a leveza, o foco e a agilidade de nossos companheiros gatinhos? Com prática, prática e mais prática, e intenção.

Caminhar meditando pode parecer tedioso, mas ao se mover a passos de lesma você pode trazer leveza, flexibilidade e passadas seguras ao seu corpo e, por sua vez, à sua mente.

Esta prática envolve colocar um pé na frente do outro, erguendo-os minimamente, o que é mais fácil falar do que fazer!

Quer você caminhe dentro ou fora de casa, certifique-se de haver um caminho livre e curto à frente.

1 Comece em uma posição relaxada, em pé, com os joelhos ligeiramente flexionados. Mantenha os joelhos e o restante do corpo relaxados ao longo da meditação. Respire devagar.

2 Dê um passo bem lento à frente, movendo-se como melaço enquanto tira o primeiro pé do chão, do calcanhar aos dedos. Mantenha os braços relaxados nas laterais do corpo.

3 Baixe o calcanhar à frente com a mesma leveza, colocando o restante do pé no chão com lentidão e segurança, quase como se estivesse derramando areia através desse pé.

4 Com a outra perna, repita os passos 2 e 3.

5 Continue dando passos lentos e deliberados da mesma maneira, mantendo o movimento suave e leve, respirando devagar e relaxando o corpo.

6 Enquanto continua caminhando, certifique-se de que sua cabeça esteja ereta e o olhar, à frente. Tente não olhar para os pés, mas imagine-se como um felino confiante e elegante, movendo-se de maneira focada.

7 Quando estiver pronto para encerrar, reserve um momento para ficar numa posição ereta com as pernas juntas e os braços nas laterais. Analise seu corpo e como está se sentindo. Repare onde possa estar sentindo leveza no corpo, o que dá espaço ao fluxo brincalhão, trazendo energia felina.

ÁSANA DO GATO-VACA

A postura de yoga do gato-vaca combina dois alongamentos, cada um semelhante ao animal que inspirou o nome. No entanto, os benefícios deste ásana *são mais de gato do que de vaca, com os movimentos suaves e fluidos da coluna vertebral.*

Além de aumentar a flexibilidade e o alongamento da coluna vertebral, este movimento inspirado em dois animais ajuda a liberar mais fluxo através do corpo. Em particular, esta prática equilibra a energia através do chakra da garganta – o centro para acessar a verdade e a criatividade – e também do chakra do plexo solar – o centro que nos ajuda a agir.

Uma prática diária de alguns minutos do gato-vaca é uma ótima maneira de começar o dia, ou então experimente-a em qualquer momento do dia em que você precise de um estímulo.

ADAPTAÇÕES

Se você tem problemas no pescoço, deixe a cabeça em posição neutra.

Se você tem joelhos ou pulsos lesionados, talvez prefira fazer uma variação sentada e colocar as mãos nas coxas ao arquear a coluna na inspiração e curvar na expiração.

1 Posicione-se em quatro apoios numa esteira ou num colchonete de yoga ou, ainda, numa superfície acolchoada, com mais apoio macio para os joelhos, se necessário. Coloque as palmas das mãos no chão bem abaixo dos ombros e garanta que os joelhos estejam bem abaixo dos quadris.

2 Inspire enquanto ergue a cabeça, levantando o rosto para cima, alongando o pescoço e a garganta, e arqueie a lombar, pressionando o estômago em direção ao chão. Olhe para cima em postura de vaca.

3 Na expiração, aproxime o queixo do peito ao curvar as costas para a postura do gato. Alie a respiração ao movimento; na inspiração, traga a energia da força vital para purificar e potencializar o organismo, e na expiração, solte e libere tudo.

4 Repita a sequência mais algumas vezes, movendo-se de maneira fluida para cima e para baixo entre as posturas. Você pode começar devagar por algumas séries e depois decidir acelerar, lembrando-se de ouvir seu corpo e fazer ajustes conforme ele precisar. Trata-se de sintonizar o que é melhor para o corpo em dado momento, mas sempre aliando respiração e movimento, seja lento, rápido ou meio-termo.

5 Depois de completar a quantidade escolhida de repetições, sente-se de volta sobre os calcanhares e baixe o corpo afastando os joelhos, de modo a trazer a cabeça e o torso o mais próximo possível do chão, entre as pernas. Estenda os braços à frente ou coloque-os nas laterais do corpo, com as palmas voltadas para cima.

6 Feche os olhos e descanse assim por algumas respirações. Quando estiver pronto, saia devagar da posição e repare em como seu corpo se sente.

GATINHO FELIZ

Existe coisa mais fofa que um filhotinho de costas mostrando a barriguinha, tentando pegar a cauda ou as patas traseiras, ainda tentando discernir se essas partes pertencem ao próprio corpo? É uma visão semelhante à postura yogue do bebê feliz, que pode ser reintitulada como a postura do gatinho feliz!

Há inúmeros benefícios em se deitar de costas como um gatinho feliz, de membros para o ar e balançando de leve de um lado a outro. Este é um alongamento adorável e fácil de fazer; ele melhora a mobilidade do quadril e ajuda a alongar os isquiotibiais e a fortalecer os braços. A postura libera tensões do corpo, sobretudo na lombar.

Nesta postura, é possível experimentar uma sensação de aterramento por meio das costas, e, ao se sentir aterrado, apoiado e calmo, é mais fácil se conectar com a alegria e o espírito brincalhão. Em uma troca interessante de polaridade equilibrada, com as pernas para o ar, você também vivenciará uma sensação de leveza e clareza.

Esta postura é profundamente relaxante e revigorante, e uma ótima forma de brincadeira e autorrelaxamento. Você também pode estendê-la para um "miniásana".

1 Deite-se de costas em uma esteira ou no chão, sentindo o apoio embaixo de si através do corpo todo. Inspire e expire suavemente pelo nariz.

2 Abrace os joelhos em direção ao peito. Dobre os joelhos o mais próximo possível a noventa graus, de modo que as solas dos pés fiquem voltadas para o teto.

3 Estenda as mãos e segure os pés, por dentro ou por fora.

4 Abra e afaste os joelhos, deixando-os cair em direção às axilas.

5 A partir daqui, dobre os joelhos com as mãos ainda firmes e balance devagar de um lado para o outro. Respire devagar algumas vezes e sinta seu corpo relaxando na postura.

6 Recomenda-se ficar assim por cinco respirações lentas, ou pelo tempo que quiser. Quando estiver pronto para encerrar, basta soltar as mãos dos pés e baixar pés e mãos para a esteira.

ADAPTAÇÕES

Você pode achar mais confortável segurar as canelas ou os tornozelos.

Se tiver lesões nos joelhos, segure a parte de trás das coxas.

ÁSANA DO GATINHO

Se quiser transformar esta prática em uma minissequência de *ásana* inspirada em gatos, continue na próxima postura.

1 A partir da postura do gatinho feliz, faça um alongamento do gatinho preguiçoso, baixando as pernas para o chão e deitando-se.

2 Puxe o joelho direito para o peito. Leve a mão esquerda para o joelho direito e puxe o joelho para o chão do lado esquerdo, girando o corpo.

3 Abra o peito e estenda o braço direito para a lateral no chão, virando a cabeça para a direita e olhando a palma da mão direita. Permaneça por três a cinco respirações.

4 Desfaça o giro e volte a se deitar no chão, os braços nas laterais, a cabeça de volta ao centro.

5 Repita os passos 2 e 3, puxando o joelho esquerdo para dentro e para baixo para o lado direito, o braço esquerdo estendido com a palma da mão esquerda voltada para cima.

6 Desfaça o giro e volte a se deitar no chão, os braços nas laterais, a cabeça de volta ao centro.

CURVAR E ARQUEAR DO GATINHO

Se você já viu na internet fotos de gatinhos espremidos no conforto de uma tigela de vidro, é fácil imaginar que os gatos são líquidos. Isso não está tão distante da verdade, uma vez que gatos são maravilhosamente fluidos e ágeis, em parte devido ao fato de dominarem o alongamento.

Gatos se alongam com frequência, um programa involuntariamente regular que os mantém maleáveis. Um alongamento felino clássico, muitas vezes feito ao acordar, mostra patas voltadas para a frente, o corpo arqueado e as costas para o ar, um alongamento que serve para acordar os músculos e prepará-los para entrar em ação.

Esse tipo de alongamento é conhecido como pandiculação, uma contração, liberação e estiramento dos músculos de forma involuntária, um pouco diferente do alongamento voluntário. Também é conhecido como bocejo de corpo inteiro, e é uma forma natural de liberar estresse e reiniciar o corpo. Quanto mais você pandicular após uma soneca, ou após um tempo sedentário, mais relaxado ficará!

O próprio bocejo já é pandiculação, e, para induzir um bocejo de corpo inteiro gloriosamente satisfatório, comece notando que a mera leitura da palavra "bocejo" faz você querer bocejar. Deixe que esse bocejo aconteça, sentindo a contração dos músculos de seu rosto, trazendo os braços acima da cabeça para se contrair de leve, e faça um alongamento natural.

A pandiculação dá ao cérebro o sinal para liberar tensão no corpo. A contração é uma sensação prazerosa da mesma maneira que o bocejo é prazeroso. Ela ativa o cérebro através do sistema motor sensorial, e, por meio da lentidão da abertura e extensão, o cérebro pode começar a fazer mudanças para liberar a tensão.

Podemos direcionar nossa atenção plena e ficar presentes na experiência interna de abertura e desapego por meio do processo de contração e liberação lenta. Vamos valorizar nossa experiência interna, conectar-nos às sensações e ao ser do nosso corpo. Movimentos lentos e menos esforços nos conferem mais benefícios.

Assim como o gato parte para a ação após um período de descanso, também devemos fazê-lo. Faça este alongamento em posição sentada sempre que precisar de uma pausa de uma postura sedentária. Avance de forma lenta e intencional por essa sequência, contraindo os músculos e depois soltando devagar, para que os músculos e o cérebro possam ser despertados e ativados, induzindo a pandiculação.

1 A partir de uma posição sentada, deixe os braços caírem para as laterais do corpo.

2 Inspire enquanto se espreme lentamente e erga os ombros em direção às orelhas, em uma contração e um aperto deliciosamente fortes.

3 Na expiração, vire lenta e gentilmente os ombros para trás e para baixo, sentindo as escápulas se moverem e o peito se abrir. Relaxe.

4 Descanse fazendo outra inspiração e expiração lentas.

5 Repita os passos 2 a 4 mais algumas vezes, aliando a respiração ao movimento lento. Trazendo a consciência para o interior, imagine sentir a contração e o alongamento a partir de seu interior.

DANÇAR E SACUDIR

No musical Cats, *baseado no livro* Os Gatos, *de T. S. Eliot, os gatos se reúnem para o Jellicle Ball, onde se apresentam para ver quem pode ser escolhido para renascer em uma nova vida. Podemos tomar isso como instruções felinas: dançar, balançar e se mexer para reiniciar e revitalizar.*

Na natureza, os animais se sacodem para liberar o estresse e a tensão após um encontro ameaçador. Ao sacolejarem, eles liberam adrenalina e cortisol a fim de regular o organismo e dar conta do resto do dia – mesmo que apenas momentos antes eles tenham corrido freneticamente para escapar de um predador. Esse sacolejo chama-se mecanismo do tremor, a maneira da natureza de ajudar todos os animais a liberar o trauma. É um mecanismo de reflexo natural que começa no cérebro límbico, envolvido em reações emocionais. O sacolejo e a vibração ajudam a restaurar a homeostase no organismo.

Imagine-se renascido, livre do que o detém. Tente dançar e se sacudir no espírito de integrar o que vale a pena e dispensar o lixo emocional e energético.

Incorpore esta prática em sua rotina diária como forma de reiniciar o corpo.

1 Escolha uma música animada e que faça você se mexer. Mais adiante na prática, você a colocará para tocar.

2 Comece parado, inspirando e expirando devagar e trazendo sua consciência para o interior. Note como e o que está sentindo e percebendo. Repare em quaisquer áreas de tensão ou desconforto ao analisar o corpo.

3 Com os joelhos moles e ligeiramente flexionados, balance as pernas por cerca de um minuto.

4 Deixe os braços penderem enquanto você permite que o balanço se mova para o restante do corpo. Sintonize-se com seu corpo e deixe-o guiar o remelexo. Talvez os ombros queiram se mexer, ou as mãos e os pés queiram liberar coisas. Pergunte ao seu corpo e sinta o que ele quer mover e sacudir.

5 Estabilize a respiração enquanto o corpo e suas partes variadas continuam a sacolejar. Permita que seu corpo se mova do jeito que ele quiser, ouvindo-o enquanto segue a tendência natural de fluxo do seu corpo.

6 Continue se sacodindo por alguns minutos. Observe quaisquer emoções, pensamentos e sensações que surgirem enquanto se mexe. Observe sem julgamento. Pense que, à medida que você se mexe, o que está estagnado e preso começa a se mover. Sinta que o sacolejo clareia sua mente, seu corpo e seu campo de energia.

7 Agora, ligue a música e continue a se mexer e a dançar. Deixe o corpo direcionar o movimento e sinta a alegria da música. Pense que, enquanto você se move e purifica, está ativando a essência do brincar e do fluxo criativo em seu corpo e em seu organismo.

8 Quando estiver pronto para encerrar, você sentirá uma lentidão natural, uma tranquilidade gradual à medida que a música termina. Use este momento para assimilar a tranquilidade do corpo enquanto ele se posiciona em pé, em descanso e integração. Repare em como está se sentindo.

RESPIRAÇÃO DO LEÃO

Os leões têm o rugido mais alto de todos os felinos grandes, mas nossos minileões domésticos não têm. O que o produz? Basicamente, ele provém de um pedaço de cartilagem. Solte rugidos ou ronrons: os dois, não dá.

Felinos grandes têm um rugido alto, que toma toda a garganta, devido a um pedaço de cartilagem que confere à laringe flexibilidade extra para reverberar um rugido tão alto que pode ser ouvido a quilômetros de distância. Que tal defender seu espaço e definir limites claros e fortes em todos os aspectos de sua vida, como o rei da selva faz? Reivindique seu poder enquanto mantém a energia brincalhona do gato com uma prática yogue de respiração chamada respiração do leão.

Quando aprendemos a rugir feito um leão, ativamos e fortalecemos nosso chakra da garganta, que respalda nossa expressão criativa. A respiração do leão – ou postura do leão – é uma ótima prática para eliminar o estresse e a tensão enquanto alonga os músculos do rosto e do pescoço. Ela fortalece os pulmões e as cordas vocais, e pode aliviar ansiedade e medo, deixando você mais confiante, corajoso e de coração leve.

O som "ha" feito na respiração do leão representa a energia do Sol, portanto, esta é considerada uma respiração e uma prática de calor. Colocar a língua para fora na respiração do leão também pode aumentar sua habilidade de ser seguro, leve e alegre: em outras palavras, a energia felina essencial!

Pratique a respiração do leão todos os dias, ao longo do dia ou em qualquer momento em que você sinta lentidão e preguiça. Teste esta prática no lugar da cafeína e de um estímulo açucarado. Defina uma intenção antes de iniciar a prática para ajudar a enfrentar a vida de maneira mais plena.

1 Reserve um tempo para definir sua intenção. Pense nas maneiras como você gostaria que a respiração do leão o ajudasse, talvez trazendo mais confiança e empoderamento, o que for melhor.

2 Sente-se numa cadeira ou sobre os tornozelos na esteira de yoga, com os joelhos juntos. Independentemente da posição escolhida, certifique-se de que a coluna esteja alongada e ereta. Feche os olhos, descanse as mãos nas coxas e deixe a respiração ficar longa e estável.

3 Gire os ombros para trás e deixe as escápulas relaxarem nas costas. Continue a desacelerar e a aprofundar a respiração.

4 Inspire pelo nariz e abra bem a boca, pronta para expirar. Coloque a língua para fora e faça um som de "ha" ao expirar. Imagine a energia solar do som e use-a para eliminar o que pode estar detendo você em níveis conscientes e inconscientes. Elimine o que quer que esteja impedindo você de brincar e adentre com mais plenitude na sua energia de grande felino.

5 Repita o passo 4, igualando em duração as expirações e as inspirações, ao mesmo tempo desacelerando e aprofundando a respiração.

6 Pratique de três a cinco séries, para começar. Com mais prática, aumente para dez séries.

7 Para finalizar, coloque a língua de volta para dentro, feche a boca e deixe o rosto relaxar, respirando naturalmente pelo nariz.

8 Descanse e relaxe na energia do leão que você despertou, estabelecendo limites claros em sua vida e ativando a coragem para ser seu verdadeiro eu, vivendo sua verdade e sua liderança com integridade. Encerre com gratidão.

EXALANDO A RESPIRAÇÃO VENENOSA

Alguns especialistas em comportamento felino acreditam que os gatos aprenderam a sibilar com as cobras! Parece exagero, mas, ao mesmo tempo, não é que parece mesmo? A mímica, ou imitação, acontece na natureza, então isso não deve ser 100% descartado. Sibilos de serpentes são temidos, portanto, há quem acredite que os primeiros ancestrais dos gatos aprenderam a imitar o som do sibilo como mecanismo de defesa, um alerta para outros animais se afastarem.

Cobras, gatos e gansos sibilam como alerta e de medo. Nós, humanos, também podemos entrar no bonde do sibilo, com uma prática que libera medo e raiva.

Exalar a respiração venenosa é o nome dado a um exercício do Eden Energy Medicine que ajuda a eliminar o "veneno" emocional, como pensamentos tóxicos, estresse e tensão. Também é uma prática excelente para sobrecarga.

Emoções reprimidas e estresse atuam como veneno em nosso organismo. Assim como o fígado e a vesícula biliar trabalham para livrar nosso corpo de venenos físicos, esta prática, usando o som "shhhhhh" da Medicina Tradicional Chinesa (MTC), ajuda a restaurar o equilíbrio nos sistemas energéticos do fígado e da vesícula biliar. Um fígado desequilibrado é associado à frustração, à raiva, a ciúme, a ressentimento e à culpa.

Use esta prática para equilibrar a energia e limpar o veneno emocional, além de pensamentos e sentimentos tóxicos.

1 Fique em pé com as mãos apoiadas nas coxas e os dedos afastados. Respire algumas vezes, devagar, deixando a expiração mais longa que a inspiração. Sinta o apoio do chão embaixo de seus pés e imagine-se em conexão com a energia telúrica.

2 Na inspiração, afaste os braços para as laterais e acima da cabeça, cerrando os punhos. Imagine-se reunindo tudo o que gostaria de liberar, como raiva, ansiedade, medo, frustração, desconforto ou qualquer emoção que deseje eliminar.

3 Pense que a emoção ou a situação específica estão dentro de suas mãos cerradas, em seguida, solte os braços para baixo e jogue no chão o que está contido nelas, abrindo os punhos enquanto solta. Faça um som alto de "shhhhhh" ao baixar os braços, jogando fora o "veneno".

4 Repita os passos 2 a 3 até sentir que a prática está finalizada.

5 Termine levando os braços para cima uma última vez, mas, desta vez, reúna força nas mãos enquanto inspira.

6 Leve esta força para o espaço no seu coração com o som "shhhhhh", colocando uma mão por cima da outra no centro do peito. Respire longa e profundamente e receba e ative essa força pelo corpo todo.

POSTURA DO TIGRE

Gatos pequenos têm energia de gatos grandes e não hesitam em ter as próprias necessidades atendidas. Também podemos incorporar mais energia de felinos grandes em nossa vida traçando limites claros e verbalizando nossas carências, mas, para isso, precisamos de uma base estável.

No Tai Chi, o tigre representa poder, coragem e sucesso. Quando imitamos movimentos de tigres, podemos aumentar nossa vitalidade e impulsionar a saúde. Podemos mover energias estagnadas, remover toxinas do corpo e equilibrar nosso corpo físico e de energia sutil por meio desses movimentos.

O tigre se equilibrando nas patas dianteiras parece uma postura simples, mas é profundamente fortalecedora. O que acontece no físico também acontece nas camadas emocionais e energéticas de nosso ser, portanto, quando podemos colocar intenção no fortalecimento do core e na estabilização do equilíbrio, também podemos ser mais equilibrados em nossa vida.

Aterre-se num local estável física e energeticamente com este exercício.

1 Fique em pé com as pernas afastadas na largura dos quadris, as mãos na cintura. Devagar, vá mudando o peso de seu corpo de um lado para o outro, faça isso algumas vezes.

2 Mantendo o peso na perna esquerda, erga o joelho direito a 90°. Estenda os braços para a frente e para cima, com os cotovelos flexionados e ligeiramente virados para as laterais. Coloque as mãos para a frente e dobre os dedos em forma de garras de tigre.

3 Balance enquanto respira, estabilizando o core. Alongue a coluna, olhando à frente e respirando em seu próprio centro de gravidade. Respire no seu *hara* (alguns dedos abaixo do umbigo), que é seu centro energético, o depósito de sua energia vital e poder.

4 Fique na postura por até trinta segundos.

5 Volte a perna direita para o chão e baixe os braços. Coloque as mãos atrás dos quadris e, mais uma vez, mude o peso de seu corpo de um lado para outro.

6 Repita os passos 2 a 4 com a perna esquerda levantada.

7 Baixe a perna e volte à posição original.

8 Coloque uma mão por cima da outra no seu *hara*. De olhos fechados, conecte a respiração a este local de poder pessoal e essência. Quando sentir que acabou, solte as mãos e abra os olhos.

ADAPTAÇÃO

Para abraçar o espírito da brincadeira, no fim do passo 5 você pode transformar suas mãos em patas e garras, fazer um pequeno arranhão de tigre e acrescentar uns rugidos de seu baixo-ventre.

TOQUES DE PATAS POR DIVERSÃO

Gatos adoram se sentar inocentemente em cima de uma mesa ou um balcão e, com uma patinha, começar a dar batidinhas num objeto até derrubá-lo no chão. Essa é certamente uma habilidade felina inata. Para nossa sorte, também podemos tamborilar e ter mais diversão em nossa vida.

Quanto menos medo tivermos no organismo, mais diversão poderemos ter na vida!

Na Medicina Tradicional Chinesa (MTC), há trajetos de energia invisível correndo pelo corpo chamados meridianos. Podemos trabalhar com esses meridianos através da acupuntura, acupressão e *tapping* (batidinhas) para equilibrar e fortalecer a energia no organismo.

Dê batidinhas leves com a ponta dos dedos no meridiano do rim para equilibrar o medo e fortalecer a coragem, o que, por sua vez, vai lhe permitir ter mais alegria.

Esta prática pode ser feita em posição deitada, sentada ou mesmo caminhando. Pratique sempre que estiver com medo ou se apenas quiser mais diversão!

1 Use as duas mãos para localizar a clavícula. Encontre as duas saliências pontudas ao longo da clavícula, em ambos os lados do nó do esterno. Agora, você pode:

- Usar os dedos para massagear a região logo abaixo das saliências.
- Dar batidas leves na região, com os dedos.
- Cerrar as mãos e dar batidinhas leves na região.

2 Ao massagear, bata de leve ou com mais força na região relacionada a um dos pontos do meridiano do rim, inspire pelo nariz e expire pela boca. Mantenha a respiração enquanto vai dando as batidinhas.

3 De olhos fechados ou olhando com suavidade, imagine que está superando medos e criando mais espaço para coragem e alegria no seu corpo, seu campo energético e sua vida. Continue durante três minutos.

4 Quando estiver pronto para encerrar, basta soltar as mãos e respirar pelo nariz de forma lenta e natural.

OUÇAM BEM, GATINHOS

Gatos têm excelente audição, com alcance três vezes maior que a dos humanos. Eles têm 32 músculos no ouvido externo para ajudá-los a localizar sons. Talvez a capacidade de ouvir mais e identificar sons os ajudem ficar mais à vontade no mundo, e ficar mais à vontade no mundo lhes permite ser mais brincalhões.

Esta é uma prática muito simples de cinesiologia aplicada que nos ajuda a liberar estresse e a assimilar mais informações, estimulando o nervo vago. O nervo vago é um dos nervos mais longos do sistema nervoso parassimpático e controla muitas funções, como digestão, batimentos cardíacos e respiração. Com a liberação do ouvido auricular, estamos estimulando o nervo vago para descansar e digerir, permitindo absorver com calma o ambiente e convidar mais alegria à nossa vida.

Esta prática pode ser feita em posição deitada, sentada, ou mesmo caminhando.

1 Com as duas mãos, massageie e, devagar, esfregue e puxe as orelhas ao mesmo tempo. Faça isso por um minuto ou mais, de uma maneira que seja boa para você. A prática não deve causar dor.

2 Quando estiver pronto para encerrar, solte as mãos e repare se está se sentindo mais calmo e mais energizado. Agora, vá se divertir um pouco!

CAPÍTULO QUATRO

APENAS DESCANSE

Gatos são ótimos dorminhocos. O descanso profundo é o melhor, segundo gatos grandes e pequenos. É hora de nos entregarmos à quietude também. Neste capítulo, exploraremos maneiras diferentes de fortalecer o sistema nervoso parassimpático para descansar e digerir corretamente e aprenderemos meditações e práticas somáticas simples a fim de liberar o estresse e aterrar a energia para um sono restaurador e revigorante.

“DESCANSE: UM CAMPO QUE DESCANSOU DÁ UMA COLHEITA ABUNDANTE.”

– OVÍDIO

SONECAS

Hoje em dia, todos somos mais conscientes da importância de um sono de boa qualidade para nossa saúde e nosso bem-estar, já que o descanso regula e restaura o corpo. Dormir mal, é claro, nos deixa cansados, mas os efeitos cumulativos de longo prazo do sono inadequado são prejudiciais à saúde.

Felinos são os mestres do descanso: leões dormem vinte horas por dia, enquanto nossos companheiros felinos menores dormem de 12 a 18 horas por dia.

Gatos grandes e pequenos dormem conforme o que é conhecido como padrão polifásico, ou seja, eles têm múltiplos períodos de sono ao longo do dia. Essa habilidade de tirar sonecas ajuda gatos selvagens a conservar energia para a caça, e gatos domésticos, por sua vez, mantiveram esse instinto apesar do fato de não dependerem mais de caçar para comer, já que treinaram seus humanos para servi-los de pata beijada! Gatos domésticos tiram sonecas oportunistas ao longo do dia e também dormem por períodos mais longos.

Gatos dormem em várias posições, desde imitando um naco de pão doce ou se contorcendo em formato de *pretzel* até espalhado no meio de uma superfície ou empoleirado numa extremidade. Como se alguém precisasse de mais provas de que os felinos são a perfeição, muitas vezes os gatos dormem curvados em formato redondo pequeno, dando-nos uma espiral de Fibonacci, a razão áurea, considerada indicadora da sagrada geometria da vida, da ordem natural e do equilíbrio, beleza e harmonia do universo.

Há diversas práticas que podemos fazer para incentivar um sono breve e reparador, ou para nos preparar para um sono melhor toda noite. Nossos amigos felinos andam nos dando uma aula magistral de descanso, você está anotando?

RESPIRAÇÃO EM CAIXA

O que os gatos, a teoria quântica e os fuzileiros navais têm em comum? Resposta: uma caixa.

Grandes ou pequenos, gatos adoram uma caixa. O experimento de Schrödinger demonstra o princípio da física quântica de que as partículas podem estar em múltiplos estados ao mesmo tempo, até que sejam observadas – e aí a caixa é aberta.

Estudos revelaram que, quando gatos de abrigo têm caixas onde se esconder, eles ficam menos estressados. De modo instintivo, gatos se aninham dentro de uma caixa apertada, onde se sentem aquecidos e seguros.

O elemento de uma caixa também é um componente importante de uma prática respiratória muito utilizada pelos fuzileiros navais. Seu nome providencial é respiração em caixa, ou *sama vritti pranayama*, que, em sânscrito, quer dizer "a mesma onda/onda igual", e envolve fazer cada etapa da prática com um número específico de contagens. Esta é uma prática respiratória incrível, aliada à visualização de um quadrado, que ajuda você a se acalmar e a atingir um foco relaxado.

Também conhecida como respiração do quadrado, este é um *pranayama* maravilhoso para fazer antes de dormir e promover um descanso mais profundo. Também é possível usá-lo sempre a qualquer momento, para aterrar a ansiedade e o estresse quando precisar de uma energia calma e focada.

Esta prática de supressão da respiração é contraindicada para que tem problemas cardíacos, de pressão ou gestantes. Basta inspirar e expirar em vez de prender a respiração durante a expiração e na inspiração.

Esta prática respiratória, de inspirar e expirar pelo nariz, é dividida em quatro partes iguais de: inspirar/prender/expirar/prender. Em geral, é praticada contando-se até quatro, embora você possa optar por uma contagem adequada, de modo que, se a achar longa demais, você pode escolher uma contagem mais curta para inspirar/prender/expirar/prender.

1 Deite-se ou sente-se numa cadeira e faça algumas inspirações e expirações lentas pelo nariz antes de começar a prática da respiração em caixa. Feche os olhos e repare em como está se sentindo.

2 Respirando pelo nariz, o esquema da respiração em caixa é assim:

- Inspire contando até quatro.
- Prenda contando até quatro.
- Expire contando até quatro.
- No fim da expiração, prenda a respiração contando até quatro.

3 Depois de ter praticado e se entendido com as sequências respiratórias, pode acrescentar visualização.

- Na inspiração, imagine desenhar um lado de um quadrado com o olho da mente.
- Ao prender, visualize o desenho do segundo lado do quadrado.
- Na expiração, desenhe a terceira linha do quadrado.
- Ao prender pela última vez, desenhe o quarto lado do quadrado no olho de sua mente.

4 Complete algumas repetições de uma série inteira. Você deve achar a combinação visualização e respiração profundamente calmante. Se sentir ansiedade ou a respiração for forçada, use uma contagem mais curta.

5 Quando estiver pronto para encerrar, termine a série e deixe a respiração retomar seu fluxo natural enquanto sintoniza-a ao símbolo estável de um quadrado, sentindo-se relaxado e focado.

PRESSÃO OCULAR SOMÁTICA

Talvez não haja nada mais fofo do que ver um gato dormindo com as patinhas cobrindo os olhos. É bem provável que esse comportamento evolutivo provenha de uma necessidade de proteger os olhos e manter o rosto aquecido ao dormir. E essa é nossa dica para a prática de respiração somática a seguir.

Terapias e práticas somáticas estão no auge, e com razão; é uma fronteira da Medicina há muito adiada que está ganhando certo terreno.

Acredita-se que o corpo guarda traumas e emoções não expressados que podem se manifestar como problemas físicos, e um facilitador somático profissional pode guiá-lo num trabalho profundo de liberar o que está sendo guardado no corpo. Em modalidades somáticas, dizemos que "o problema está nos tecidos".

Explorar o que talvez tenhamos guardado fundo em nosso corpo anos atrás exige bastante comprometimento. Entretanto, também há maneiras de praticar movimentos somáticos em casa para ajudar a criar mais segurança no sistema nervoso, visando a um descanso mais profundo.

Nesta prática, trabalharemos com os olhos, que se conectam com o sistema nervoso através da retina, do nervo óptico e dos nervos cranianos. A saúde do sistema nervoso está conectada aos olhos, portanto, essa calma no sistema nervoso pode ser refletida pela vitalidade ocular. Há um fluxo constante de informação através dos olhos, abertos ou fechados, logo, é importante ajudá-los a relaxar com intenção.

Pratique ao menos uma vez por dia para ver as mudanças no corpo e na vida.

1 Sente-se em posição ereta com almofadas suficientes no colo para descansar os cotovelos, ou sente-se a uma mesa coberta de material macio para acomodar os cotovelos.

2 Descanse os cotovelos no material e traga os calcâneos das mãos e dos punhos fazendo uma leve pressão nos olhos ao fechá-los. Deixe a cabeça e os olhos afundarem nas mãos.

3 Deixe os braços e cotovelos afundarem no apoio almofadado. Relaxando os ombros, deixe que tudo se afunde para baixo e para dentro.

4 Respirando lenta e profundamente, continue pressionando de leve. Sintonize-se com os olhos, sentindo a leve pressão e o calor neles.

5 Aprecie seus olhos, essas partes belas e incríveis do corpo, abra-se à sua consciência sentida. Continue pressionando de leve e respire e visualize cada retina se conectando com o nervo óptico. Os nervos ópticos vão direto dos olhos para a parte de trás da cabeça, para o córtex visual, ajudando você a processar o que vê. Imagine que só de considerar os olhos, a retina e os nervos ópticos podem despertar essas partes, depois, deixe-as descansar.

6 Considere que, ao relaxar os olhos, você pode relaxar o cérebro. Relaxar os olhos de forma mais ativa ajuda o sistema nervoso a descansar. Ao respirar e fazer contato com os olhos dessa maneira, podemos começar a restaurar o equilíbrio do sistema nervoso.

7 Continue por alguns minutos e, quando estiver pronto para encerrar, deslize as palmas das mãos pelo rosto, até os dedos ficarem sobre os olhos, ligeiramente afastados. Mesmo de olhos fechados, a luz pode passar pelos dedos abertos. Reserve um tempinho para se aclimatar, depois, deixe as mãos descansarem no colo, de olhos ainda fechados.

8 Quando estiver pronto, abra os olhos bem devagar para ajustar a visão.

RESPIRAÇÃO LUNAR

Há muito tempo os gatos são associados com a Lua, e o felino misterioso contemplando os mistérios lunares é um arquétipo ilustrativo familiar.

A antiga deusa egípcia da Lua, Bast, tinha cabeça de gato, e nas histórias gatos são companheiros habituais de bruxas que voam à noite, seus familiares. Há uma suposta lenda de províncias chinesas de que gatos brancos sobem nos telhados para roubar vaga-lumes. É tão errado assim querer capturar um vaga-lume para si?

Em tradições yogues, o caminho de energia através da narina direita se relaciona com o Sol, e da narina esquerda, com a Lua. A energia solar é considerada masculina, de ação. A energia da Lua é considerada feminina, intuitiva e receptiva. A energia lunar é calmante, e está relacionada a emoções, introspecção, intuição e sonhos.

O *pranayama chandra nadi* é uma prática de respiração de caminho energético que podemos usar para dominar o poder da Lua para nos acalmar e trazer autoconhecimento ao mesmo tempo. Pense nisso como apanhar vaga-lumes com o intuito de iluminar seu mundo interior.

Este é um *pranayama* simples que pode regular o sistema nervoso, de modo a podermos começar a colher *insights* e a refletir nossa melhor versão para o mundo. Você pode trabalhar esta respiração para ajudar a trazer clareza a um problema. Ela vai iluminar os mistérios da escuridão, amplificar a visão e receber *insights*. Todos deveríamos ser mais parecidos com os gatos brancos colhendo vaga-lumes!

Esta é uma ótima prática calmante antes de ir para a cama, se você acorda no meio da noite com pensamentos acelerados, ou sempre que precisar acessar a sabedoria da Lua e aplacar a ansiedade.

1 Pratique todos os dias por uma semana ou mais e note o que fica mais claro.

2 Sente-se em posição ereta ou deite-se numa posição confortável.

3 Inspire profundamente pelo nariz e expire devagar também pelo nariz. Feche os olhos ou suavize o olhar.

4 Com a mão esquerda, traga o polegar e o dedo indicador para tocar o mudra *gyan* (ver p. 15 e 118) a fim de receber sabedoria e *insight*. Descanse a mão no colo ou, se estiver deitado, descanse o braço ao lado do corpo com o mudra voltado para cima.

5 Erga o dedo indicador e dobre os outros dedos na palma da mão, com o polegar

dobrado por cima. Devagar, tape a narina direita com o dedo indicador direito.

6 Inspire e expire devagar pela narina esquerda. Cada inspiração e expiração estão relaxando seu organismo e, portanto, abrindo você para *insights*. Imagine que está respirando energia lunar, cada respiração fortalecendo sua intuição e iluminando o que estava escuro.

7 Continue da mesma maneira, desacelerando a inspiração e a expiração pela narina esquerda. Pratique por um mínimo de três minutos para começar a fim de acalmar o organismo. Com o tempo, você pode aumentar para onze minutos, para ter ainda mais benefícios.

8 Quando estiver pronto para encerrar, remova devagar o dedo indicador direito da narina direita e respire normalmente. Reserve um momento para ficar em silêncio, confiando que seu organismo está recebendo tudo aquilo de que precisa. Agradeça à Lua.

PATINHAS PARA FORA

Às vezes os gatos descansam ou dormem com as patas esticadas, muitas vezes como um meio de regular a temperatura. Com as patas estendidas, eles também podem pular depressa do descanso para a ação, se precisarem.

Nós também podemos adotar essa posição para regular o organismo a fim de ter uma boa noite de sono. A posição que adaptaremos chama-se *paschimottanasana*, ou postura sentada curvada para a frente. Curvar-se à frente ativa o sistema nervoso parassimpático e auxilia o descanso e a digestão, uma vez que, quando nos dobramos para a frente, o nervo vago é estimulado através do alongamento da região abdominal, da cabeça e do pescoço.

Sentar-se curvado para a frente é uma postura profundamente revigorante e rejuvenescedora que pode ajudar a aplacar o estresse e a avivar o bem-estar. Você também alongará os isquiotibiais e a lombar e massageará órgãos internos.

Esta postura não é recomendada para gestantes ou pessoas que têm dor nas costas ou no pescoço, ciática, hérnia de disco, outras hérnias, glaucoma ou pressão alta.

Sentar-se curvado para a frente é uma prática que pode ser feita a qualquer hora, mas, quando feita à noite, pode aliviar tensão e liberar o estresse do dia, preparando melhor a mente e o corpo para um descanso mais profundo.

Pratique em uma esteira ou em um colchonete de yoga no chão.

1 Sente-se em posição ereta com as pernas estendidas, dobrando ligeiramente os joelhos.

2 Inspire profundamente ao alongar a coluna, estirando-se para cima.

3 Expire duas vezes enquanto estica o corpo para a frente, flexionando-se a partir dos quadris com os braços estendidos. Se puder, passe os dedos indicador e médio pelos dedões dos pés. Você deve conseguir relaxar nesta postura, portanto, não a force. Veja o boxe Adaptações, nesta página, se necessário.

4 Deixe a cabeça e o peito descansarem nas pernas, se possível; se não, deixe-os pendurados (ver também Adaptações. Mantenha as costas retas, sem tentar dobrá-la para conseguir aproximar a cabeça das pernas. Não deixe os joelhos travados, dobrando-os de leve.

5 Relaxe na postura. Respirando lenta e profundamente, veja se consegue se alongar um pouquinho mais, sem se esforçar – mesmo que por apenas alguns segundos. Com o tempo, você fortalecerá a lombar de modo a conseguir se estirar por inteiro nesta postura.

6 Respire devagar e com facilidade, descansando na postura o maior tempo que conseguir ficar confortável nela.

7 Quando estiver pronto para encerrar, suba devagar em posição ereta, sentado, os braços nas laterais.

ADAPTAÇÕES

Você pode modificar o passo 3 segurando as coxas, joelhos, canelas ou laterais dos pés ao inclinar-se para a frente. Escolha o que for mais confortável.

Talvez seja bom colocar uma almofada sobre as pernas para descansar a cabeça e o peito.

Coloque uma toalha enrolada sob os joelhos se precisar de apoio ali.

PISCADAS LENTAS

Quando seu gato dá piscadelas lentas, provavelmente é um sinal de que ele se sente confortável e seguro e talvez até que o ame. O amor que sentimos em troca por nossos companheiros animais é incondicional. E se, de alguma forma, pudéssemos aprender a nos amar incondicionalmente?

Na hipnose, usamos piscadas lentas como forma de fazer um cliente entrar em transe. Isso é conhecido como fracionamento, em que o cliente pode ser guiado sem pressa e em segurança para um estado mais profundo de relaxamento. Também podemos usá-la para auto-hipnose, que é especificamente potente antes de ir dormir, para guiar a mente subconsciente a um sono com mais amor e gentileza. Resumindo, podemos piscar devagar para termos mais amor, confiança e afeição por nós mesmos. Esta é uma ferramenta poderosa para ajudar você a reiniciar e a focar no que realmente quer na vida.

Vamos piscar devagar para ter um sistema nervoso regulado, amor-próprio e compaixão antes de ir para a cama. E, se por acaso você dormir profundamente madrugada adentro, acordará no horário habitual sentindo-se descansado e revitalizado.

1 Deite-se na cama ou sente-se em uma posição confortável e ponha uma mão no meio do peito e a outra no plexo solar ou na barriga. Defina uma intenção para a possível sensação de enviar amor e compaixão a si mesmo. Se parecer difícil acessar isso, imagine um gatinho que você amou incondicionalmente ao lado de uma versão sua quando criança, os dois se tornando o alvo de seu amor. Se houver outra intenção com que você queira trabalhar, sintonize-se com um sentimento que gostaria de incorporar mais em sua vida; pode ser uma intenção simples como dormir melhor e ter um sono mais profundo.

2 Escolha um lugar um pouco acima de sua linha de visão para o qual possa olhar com conforto, por exemplo, um ponto diretamente à sua frente em que a parede encontre o teto.

3 Pisque os olhos devagar enquanto conta:

- Um – abra e feche os olhos.
- Dois – abra e feche os olhos.
- Três – abra e feche os olhos...
- e assim por diante, até os olhos começarem a ficar pesados a cada piscada lenta.

4 Em determinado momento você começará a sentir as pálpebras tão pesadas que vai querer fechá-las e descansar no conforto desse peso.

5 Com os olhos descansando confortavelmente fechados, imagine uma luz clara dourada, como a energia do amor-próprio, movendo-se devagar pelo corpo, das solas dos pés ao topo da cabeça, onde ela se derrama ao redor como uma fonte, e então circula de volta para os pés, onde o ciclo continua.

6 Depois de completar alguns ciclos desta visualização – talvez três, para começar –, mude a direção e veja a luz se movendo do topo da cabeça pelo corpo até as solas dos pés, onde a energia se move para cima e ao redor do corpo, e de volta para a cabeça.

7 Quando tiver completado alguns ciclos de purificação percorrendo a energia em ambas as direções, imagine que sua atenção é colocada nesta luz que jorra para dentro e para fora, infundindo seu corpo e sua aura com a luz de sua intenção. Três ciclos em cada direção é uma boa prática para começar.

8 Quando estiver pronto para encerrar, diga a si mesmo que está preparado para voltar e conte:

- Três – volte a consciência de volta para este espaço.
- Dois – sinta seu corpo apoiado.
- Um – abra os olhos e sinta-se maravilhoso.

RELAXAMENTO PROGRESSIVO

Estudos revelaram que assistir a vídeos de humor pode fazer bem para a saúde, já que rir auxilia o sistema imunológico, diminui hormônios do estresse e aumenta a produção de endorfina no cérebro. Assistir a vídeos divertidos de gatos após um dia longo e cansativo pode ser justamente o que médicos felinos prescrevem!

Ao rirmos, tensionamos músculos faciais e os do core, e uma boa gargalhada pode trabalhar todos os músculos do corpo. Talvez você possa planejar momentos do seu dia para vídeos engraçados de gatinhos e ancorar todos os dias essas risadas inspiradas em felinos.

Ainda que não seja bom ficar ligado nas telas vendo vídeos engraçados muito perto da hora de dormir, podemos ter um vislumbre da ideia de pressionar todos os músculos durante uma gargalhada em uma prática que pode ajudar o corpo a relaxar e a dormir. Ela se chama relaxamento muscular progressivo, e é uma técnica fácil de incorporar quando se está na cama.

Nesta prática, você irá pressionar e liberar de forma sistemática os músculos enquanto acrescenta uma respiração consciente ao processo, para aprofundar a consciência e começar a fortalecer a interocepção – a habilidade de notar o que está acontecendo dentro do corpo.

Assim como na hora de dormir, esta prática pode operar milagres se você acordar no meio da noite e quiser voltar a dormir.

Você começará esta técnica da base e a levará até o topo do corpo.

1 Deite-se com os braços ao lado do corpo, as palmas das mãos voltadas para cima. Inspire pelo nariz e expire mais devagar, também pelo nariz.

2 Traga sua consciência para os pés. Inspire primeiro, em seguida, tensione e arqueie os pés. Prenda a respiração por quatro segundos enquanto comprime. Expire devagar por oito segundos enquanto libera e relaxa lentamente os músculos. Sinta os pés quase afundando na superfície abaixo de você.

3 Repita o passo 2, trabalhando progressivamente corpo acima, tensionando na inspiração e liberando na expiração. Trabalhe estas regiões do corpo:

- Canelas
- Coxas
- Nádegas/quadris
- Barriga/lombar
- Diafragma
- Costelas
- Peito
- Mãos
- Braços
- Ombros/pescoço
- Rosto

Se não conseguir tensionar totalmente um determinado músculo, imagine a pressão nessa parte do corpo; não a pule.

4 Depois de percorrer todas as partes do corpo, finalize tensionando o corpo todo e, depois, libere a tensão para descansar.

ABRAÇO SOMÁTICO

Quando as coisas se complicam, às vezes precisamos de um abraço, seja de um humano ou de uma bola de pelos. Enquanto alguns gatos adoram ser abraçados e até retribuem seu abraço, outros toleram um abraço eventual, e outros, ainda, não gostam de jeito nenhum de um chamego.

Muito semelhantes aos humanos, gatos são indivíduos e têm seus próprios gostos e desgostos, portanto, não levemos para o lado pessoal se nem todos os gatos gostarem de abraços; eles apenas preferem receber afeto de outra forma.

Em vez disso, podemos pegar a dica dos felinos independentes e não depender dos outros para um abraço, mas aprender a abraçar a nós mesmos como forma de regular o organismo.

Esta é uma prática maravilhosa para se acalmar sozinho antes de dormir ou sempre que precisar afastar a ansiedade.

1 Sente-se em uma posição confortável ou deite-se na cama. Feche os olhos ou suavize o olhar. Inspire e expire devagar.

2 Cruze os braços em frente ao corpo, a mão direita descansando sobre o braço esquerdo e a esquerda descansando sobre o braço direito. Ajuste conforme necessário para garantir que o abraço seja confortável e relaxante, sem forçar nada.

3 As mãos e os braços são uma extensão energética do coração, portanto, nesta posição você está se envolvendo na energia do coração, na energia do amor e da compaixão. Mantenha esta posição e se abrace de leve e com amor. Sinta o calor enquanto se abraça.

4 A partir daqui você pode começar a dar tapinhas alternados nos braços, de um a três minutos, então, a mão direita bate no braço esquerdo, depois, a mão esquerda bate no braço direito. Dê batidinhas num ritmo lento e solto, no seu próprio ritmo.

5 Sintonize-se com sua respiração enquanto continua as batidinhas, repare se é melhor uma batida mais leve ou mais forte. Mantenha a respiração calma e natural e imagine qualquer tensão ou estresse se movendo para baixo e para fora do seu corpo conforme vai dando as batidinhas. Continue batendo até sentir uma mudança para mais tranquilidade no corpo.

6 Quando estiver pronto para encerrar, dê um abraço tranquilo e gentil em si mesmo. Abrace com força e depois vá se soltando do abraço o quanto puder, permitindo que o cérebro registre e grave devagar a mudança no seu corpo.

UMA FARTURA DE GATOS DESCOLADOS

No fim dos anos 1930 e 1940, músicos de jazz e frequentadores de clubes eram, muitas vezes, chamados de gatos descolados, em referência à natureza calma, segura e descontraída de nossos amigos felinos. Como ser mais gatos e permanecer descolados, calmos e tranquilos em meio ao caos diário da vida?

Para levar a vida como um gato tranquilão, faça como os gatos fazem e durma bastante. Uma boa noite de sono nos ajuda a ser mais equipados, regulados e prontos para enfrentar de cabeça erguida tudo o que a vida traz: coisas boas, ruins e neutras. Quando estamos regulados e equipados, enfrentamos o dia sem nos surpreendermos com os eventos inesperados e as catástrofes que nos acometem e podemos pensar com mais clareza em vez de ficarmos num estado reativo constante.

Sitali significa "esfriar" ou "acalmar" em sânscrito, e esse exercício do *pranayma sitali* é bom para o corpo e a mente! Esta prática respiratória é benéfica em especial antes de dormir, já que esfria e aterra o corpo. Do mesmo jeito que escovamos os dentes e lavamos o rosto na hora de dormir, podemos purificar qualquer estresse e tensão do corpo e da mente. Você ficará revigorado e pronto para o descanso em todos os níveis!

Além de ser parte de uma boa rotina para a hora de dormir, esta prática é uma excelente maneira de resfriar e acalmar o calor e as emoções acaloradas no corpo e no organismo sempre que você se sentir sobrecarregado.

1 Sente-se em posição ereta e confortável, com a coluna bem alongada.

2 Ponha a língua um pouco para fora dos lábios e a enrole nas laterais, criando uma forma de túnel. Se não conseguir enrolar a língua, coloque-a um pouco para fora dos lábios, com o lábio superior ligeiramente aberto.

3 Feche os olhos ou suavize o olhar para baixo. Devagar, inspire pela língua enrolada – ou sobre a língua estendida – como se fosse um canudinho.

4 Agora, pressione a língua no palato superior, com a boca fechada, e expire pelo nariz.

5 Repita os passos 3 a 4 por, no mínimo, três minutos. Sinta a sensação refrescante na língua enquanto suga o ar por ela e saiba que, ao se sintonizar com a refrescância da inspiração, você a puxa para seu corpo e seu organismo, aplacando qualquer calor físico e emocional.

6 Quando estiver pronto para encerrar, traga mais uma respiração refrescante para o organismo e expire pelo nariz. Relaxe a língua e permita que a respiração fique natural. Permaneça um tempo no silêncio por mais um minuto para integrar as mudanças no seu organismo.

MANOBRAS FELINAS

Você já imaginou o que significa aquela reboladinha antes do pulo de um gato? Infelizmente, não há muitas pesquisas sobre esse tópico. No entanto, uma teoria comum é a de que os gatos rebolam para ter estabilidade e equilíbrio, uma teoria em que podemos nos inspirar como forma de equilibrar e estabilizar nossa energia.

Gatos de todos os formatos e tamanhos – os grandes e as variedades domésticas – também podem mexer o bumbum como forma de aquecer os músculos e de se estabilizar e se alongar antes de darem impulso para o salto. Agachamentos da terapia da polaridade têm efeito similar para seres humanos, tornando-se uma ótima prática antes de ir para a cama.

Este exercício de agachamento foi introduzido pelo dr. Randolph Stone, o fundador do Instituto de Terapia da Polaridade, que acreditava que o corpo, similar à terra, tem polos negativos e positivos, e que o fluxo adequado de energia entre esses polos nos ajuda a permanecer saudáveis e equilibrados. Bloqueios e desequilíbrios aparecem como problemas no corpo físico e emocional e na vida. Um agachamento da terapia da polaridade é uma excelente postura de autotratamento para começar a equilibrar a energia pelo corpo.

Esta postura pode ajudar a aterrar e a estabilizar sua energia antes de dormir, para um sono mais reparador.

1 Com os pés ultrapassando só um pouco a largura dos quadris, mantenha as solas totalmente no chão e vá agachando até a altura dos joelhos.

2 Se achar confortável essa execução, pare e respire neste agachamento por alguns minutos. Se não, é só reduzir o tempo e saber que, quanto mais praticar, por mais tempo você conseguirá ficar confortavelmente agachado.

3 Se for confortável, passe os braços ao redor dos joelhos, ou apoie os joelhos nas axilas enquanto agarra o punho oposto, ou, talvez, apenas segure os cotovelos opostos.

4 Daqui, coloque o queixo perto do peito e balance devagar para a frente e para trás durante algumas respirações, e, depois, de um lado para o outro durante algumas respirações.

5 Enquanto você continua agachado e se balançando, imagine que a energia através da sua base e do core está se equilibrando e se estabilizando. Elimine qualquer energia desequilibrada e/ou estagnada através das pernas e dos pés.

6 Fique na postura o tempo que for confortável para você.

7 Para encerrar a postura, inspire e expire devagar e volte à posição em pé. Feche os olhos se achar confortável, ou suavize o olhar para baixo, e note o fluxo de energia se movendo através do seu corpo e do seu organismo.

ADAPTAÇÕES

Se precisar de apoio extra, coloque uma toalha enrolada ou uma esteira de yoga embaixo dos calcanhares.

Apoie-se numa cadeira se precisar de ajuda com o equilíbrio.

CAPÍTULO CINCO

APENAS SEJA

A cultura da pressa é um caminho certeiro para o *burnout*, então, faça como os gatos e entenda o valor e a importância de apenas ser você. Este capítulo apresenta meditações e práticas para cultivar amor-próprio, *mindfulness* (atenção plena) e existência. Ser mais presente no que fazemos convida mais presença em nosso ser.

"'QUE DIA É HOJE?', PERGUNTOU O URSINHO POOH. 'É HOJE', GUINCHOU O LEITÃO. 'MEU DIA FAVORITO', DISSE POOH."

– A. A. MILNE

CÓPIA DO GATO

"Mas o que os gatos têm de tão especial?", talvez pergunte alguém que não é lá muito gateiro. Bem, se você ainda não sabe, o Gatinho Místico com certeza não acha necessário persuadir ou convencer ninguém de como eles são maravilhosos. Ele conhece muito bem o poder felino! Não há necessidade de nenhuma energia de convencimento quando se confia no próprio ser e ponto final.

Ao sermos cópias de gatos também podemos aprender com nossos amados amiguinhos felinos e abraçar nosso ser. Afinal, os gatos aprendem copiando, com gatinhos imitando suas mães quando se trata de se limpar, usar a caixinha de areia e muito mais. Gatos também copiam comportamentos humanos, e imitam outros gatinhos em posturas e vocalizações para estabelecer hierarquia e fortalecer laços sociais. A imitação também é um caminho para a sobrevivência, uma vez que gatos aprendem a assumir novas habilidades e se adaptar a novos ambientes.

Já que às vezes nossos gatos são um reflexo de nós mesmos e de nossas próprias necessidades sociais, podemos notar o comportamento de nossos companheiros felinos e refletir como esse aspecto pode fazer parte de nós. Quando observamos e tomamos nota das manobras felinas, saiba que também temos isso dentro de nós. Simplesmente ser o que somos é mais que o suficiente.

Quanto mais você for confiante e se conectar com a tenacidade felina interior, a que sabe que seu valor provém de apenas ser, mais será capaz de definir o sucesso para si mesmo.

SEM FAZER, APENAS SER

"Goro goro" é um termo em japonês que se refere ao ato de não fazer nada, semelhante a apenas relaxar ou ficar à toa. Então, também é apropriado que "goro goro" se refira ao ronronar de um gato!

Já definimos que gatos são os mestres do descanso, mas a verdade é que eles têm Ph.D. em relaxamento, fazem nada sem vergonha ou culpa, e simplesmente são. Quem dera fôssemos tão livres para apenas nos refestelarmos por aí, mas fazer isso representa um ato radical de descondicionamento, já que fomos ensinados, da maneira mais puritana, que apenas o trabalho árduo gera resultados – e esse tem sido o exemplo ao nosso redor.

E se isso não for verdade, simples assim? E se optarmos por romper com esse padrão, com a "verdade" da sociedade e dos outros? E se redefinirmos o que significa sucesso e trabalharmos da maneira não convencional, sem esforço ou pressa, mas, ao contrário, seguindo o fluxo e apenas tomando atitudes a partir de uma postura aterrada? Se, de alguma forma, pudéssemos relaxar mais em nossa alegria interna, poderíamos descobrir o sucesso jorrando em todos os níveis do ser.

Não fazer nada é uma prática valiosa de incentivar o abandono da validação externa e cultivar o valor interno e o ser. No nada, há o tudo. Quando trabalhamos na quietude, conectamo-nos com tudo. Sem resistência, sem fazer, apenas permitir, apenas ser o que se é com tudo o que existe. É isso que começaremos a praticar aqui.

Permitir-se ser com tudo o que surge e nada ao mesmo tempo é uma prática radical, simples assim. Você está se abrindo ao fluxo da experiência, o que é fácil na teoria e desafiador na prática. Com prática mais dedicada, sua mente pode ficar mais aberta e relaxada.

1 Sente-se numa posição confortável, com as costas apoiadas.

2 Ao se sentar em silêncio, não há mais nada a esperar exceto permitir o que surgir, independentemente do que seja. Note se há qualquer tipo de apego ou insistência em relação a pensamentos, emoções ou sensações, e simplesmente permita que passem. Não se deve seguir pensamentos, eles vêm e vão. Não há nada a fazer, alterar ou mudar, é só estar com tudo o que existe, e ponto.

3 Repare quando sua mente quiser se ater a uma sensação ou a um pensamento, e, ao reparar, libere-os e relaxe no ser.

4 Comece com quatro minutos por dia e aumente até onze minutos ou mais. Agende sua prática de não fazer nada a fim de dar tempo no seu dia para sua mente ter espaço.

RESPIRAÇÃO DA COERÊNCIA

Talvez você já tenha ouvido histórias de gatinhos perdidos em viagens e atravessando centenas de quilômetros e, de algum modo, conseguindo chegar em casa. Como isso foi possível? Há animais que acompanham o campo magnético da Terra – inclusive os gatos, pelo jeito!

Tudo conta com um campo eletromagnético de energia. Somos todos seres energéticos. Supõe-se que humanos têm traços vestigiais de ferro no osso etmoide entre os olhos e o nariz, e que poderíamos, em algum ponto de nossa evolução, sintonizar com o campo magnético da Terra para guiar nossa bússola interna, assim como nossos companheiros animais.

Assim, não é surpresa que temos campos eletromagnéticos ao redor do corpo, dos órgãos e das células. O que talvez surpreenda é que o campo eletromagnético mensurável do coração é cem vezes maior que o do cérebro, de acordo com o Instituto HeartMath. No entanto, aqui estamos nós, pensando que precisamos descobrir as coisas usando o cérebro em vez de sentir no coração.

Esta meditação, inspirada pela pesquisa do Instituto HeartMath, combina visualização e respiração para trazer coerência através das células do corpo, uma vez que a comunicação clara dentro do corpo torna corpo e mente saudáveis.

Neste exercício, você vai se conectar com seu campo eletromagnético e fortalecer o espaço de seu coração com a frequência do amor, da alegria e da satisfação.

1 Sente-se em posição confortável de olhos fechados ou olhe para baixo com suavidade.

2 Inspire e expire pelo nariz, permitindo que a respiração fique livre e suave por alguns ciclos.

3 Agora, imagine-se recebendo a inspiração pelo coração, e, então, soltando a expiração pelo coração. Devagar e com calma, imagine-se inspirando e expirando através do espaço cardíaco. Desacelere a respiração e imagine cada inspiração e expiração fortalecendo o campo magnético do coração.

4 Traga o olho de sua mente a um amado companheiro felino, pessoa ou local que lhe traga um sorriso ao pensar neles. Conecte-se com esse ser ou lugar que desperta essa sensação de pura alegria e satisfação.

5 Continue inspirando e expirando a partir do coração enquanto se conecta mais com essa sensação de amor e alegria. Imagine cada inspiração e expiração suaves através do coração trazendo mais coerência para seu corpo e comunicação clara no mais profundo nível celular. O campo eletromagnético do coração pode começar a se alinhar com o campo eletromagnético do cérebro enquanto você continua a inspirar amor e expirar ainda mais alegria para o seu campo.

6 Permaneça assim por três minutos no início, aumentando para até onze minutos com a prática.

7 Quando estiver pronto para encerrar, posicione as mãos uma em cima da outra sobre o coração para selar a alegria.

RESPIRAÇÃO ELEMENTAL DO SER

Na cultura islâmica, gatos são considerados animais ritualmente limpos, e, como tal, são autorizados a perambular em mesquitas. Dizem que eles também têm energias de bênção. O sufismo é o aspecto místico do Islã, e dele podemos extrair uma prática maravilhosa que nos lembra a natureza ao nosso redor e dentro de nós, bem como a natureza que somos nós.

No Império Otomano, gatos eram valorizados como controladores de pragas, mas também devido ao fato de impedirem que os ratos destruíssem livros e textos preciosos. Há um ditado turco: "Se você matar um gato, precisa construir uma mesquita". Essas crenças culturais e religiosas permitiram o florescimento de populações de gatinhos na Turquia, além da aceitação e adoração de gatos em muitos países islâmicos.

Hazrat Inayat Khan introduziu ensinamentos sufis no Ocidente nos anos 1900. Esta respiração simples com prática de visualização dessa linhagem mística permite que você se conecte com os elementos Terra, Água, Fogo, Ar e Éter, ao mesmo tempo em que se conecta mais profundamente com seu ser.

Esta sequência de respiração purificante é tradicionalmente feita ao amanhecer, mas você também pode fazê-la a qualquer momento da manhã para purificar e limpar seu organismo a fim de se conectar com a sabedoria divina e a inteligência do universo antes de começar o dia. O ideal é praticar ao ar livre, mas uma boa alternativa é praticá-la em pé, em frente a uma janela.

Ao focar em cada elemento, você vai imaginar sua cor correspondente e ajustar sua respiração de acordo:

Terra = **dourado**
Inspire e expire pelo nariz.

Água = **verde**
Inspire pelo nariz e expire pela boca.

Fogo = **vermelho**
Inspire pela boca e expire pelo nariz.

Ar = **azul**
Inspire e expire pela boca.

Éter = **cinza ou transparente**
De maneira quase imperceptível, inspire e expire pelo nariz.

1 Fique de pé em posição confortável, com a coluna bem alongada. Posicione os pés na largura dos quadris e os braços nas laterais, as palmas voltadas para fora. Feche os olhos ou suavize o olhar para baixo.

2 Comece pelo elemento Terra. Visualize-se inspirando e expirando a cor dourada pelo nariz. Enquanto inspira, imagine sugar a energia telúrica de cor dourada pelos pés, através do profundo solo rico da terra, aterrando, apoiando e estabilizando. Ao expirar, solte o dourado para a terra. Faça cinco séries desta sequência.

3 O próximo é o elemento Água. Ao inspirar lenta e suavemente pelo nariz, visualize-se aspirando o elemento Água na cor verde para nutrir o corpo e o organismo. Ao soltar a respiração pela boca, imagine a energia verde da água lavando tudo aquilo que não serve mais para você, deixando seu organismo renovado, limpo, purificado e no fluxo. Faça cinco séries desta sequência.

4 Para o elemento Fogo, inspire pela boca, visualizando a energia vermelha do fogo alquimiando e transformando seu corpo. Ao soltar a respiração pelo nariz de forma leve, ainda visualizando a energia vermelha, saiba que agora você está purificando e energizando seu organismo com fogo, queimando impurezas. Faça cinco séries desta sequência.

5 Ao inspirar o elemento Ar pela boca, visualize esta energia azul criando expansão e expansividade em seu corpo e em seu organismo. Ao expirar pela boca, saiba que nesta soltura está a criação de espaço. Faça cinco séries desta sequência.

6 Para o elemento Éter, inspire e expire pelo nariz. Deixe esta respiração ser a mais suave de todas. Visualize um cinza claro, quase transparente, e todos os elementos se misturando e se encontrando no éter, sendo a essência da vida. Faça cinco séries desta sequência.

7 Para terminar, fique na quietude e respire lenta e suavemente pelo nariz. Traga as mãos em prece e agradeça aos elementos ao redor e dentro de nós.

SORRISO INTERIOR

O infame Gato de Cheshire, personagem de Alice no País das Maravilhas, *de Lewis Carroll, tem um sorriso trapaceiro e a capacidade de desaparecer e reaparecer. Ele desaparece bem devagar, começando pela ponta da cauda e deixando à mostra seu sorriso muito tempo depois que o restante do corpo sumiu.*

Podemos tirar inspiração desse enigmático felino por meio de uma meditação taoísta chamada sorriso interior. Podemos sorrir por dentro e por fora, e deixar que esse sorriso permaneça no corpo para colher seus benefícios mentais e físicos.

Sorrir ajuda a liberar um fluxo de bioquímicos prazerosos no corpo que ativam o sistema imunológico, baixam a pressão arterial, reduzem a dor, elevam o humor e estimulam a longevidade. A boa notícia é que, mesmo que você não sinta vontade de sorrir, o ato físico de dar risada ainda pode ativar o dilúvio de neurotransmissores da felicidade. O Gato de Cheshire descobriu algo realmente importante com aquele sorriso...

De acordo com a Medicina Tradicional Chinesa (MTC), certos órgãos são emparelhados com certas emoções, que você pode abordar ao sorrir:

- Fígado e vesícula biliar para raiva e ressentimento.
- Estômago e bile para preocupação e ansiedade.
- Rins e bexiga para medo.
- Pulmões e intestino grosso para tristeza.
- Coração e intestino delgado para falta de alegria.

Com esta prática você pode compartilhar uma energia sorridente com seus órgãos internos e com qualquer lugar do corpo que precise dela.

1 Sente-se numa posição confortável, o queixo paralelo ao chão, peito aberto, as escápulas para trás e para baixo. Não fique numa posição rígida, relaxe e vá se colocando numa postura melhor. Feche os olhos ou suavize o olhar para baixo.

2 Inspire e expire algumas vezes e, então, na próxima inspiração, deixe a respiração preencher sua barriga. Na expiração, pressione o umbigo em direção à coluna. Repita esta respiração abdominal mais algumas vezes.

3 Descanse suavemente a ponta da língua no céu da boca, atrás dos dentes da frente. Esboce um sorriso suave e tranquilo. Continue a manter um riso gentil ao longo da prática.

4 Traga um foco suave e consciência ao ponto entre suas sobrancelhas e imagine seu sorriso ali. Sintonize-se com a energia que seu sorriso cria no ponto entre as sobrancelhas e sinta esta energia expandir.

5 Use sua respiração para compartilhar e direcionar a energia do sorriso a cada um de seus órgãos, focando cerca de um minuto em cada, se possível. Repare se o órgão recebe a energia com resistência ou facilidade. Lembre-se de todos os benefícios que provêm do sorriso e saiba que, por sua vez, eles estão sendo concedidos a cada órgão.

6 Na medicina chinesa o *dantian* é o centro de gravidade do seu corpo, onde ele armazena o *qi*, sua energia vital. Ele se localiza cerca de três dedos abaixo do umbigo. Antes de encerrar, envie a energia sorridente ao *dantian*.

7 Para terminar, solte a língua e suavize o rosto ao desfazer o riso. Repare todo o seu ser sendo elevado em termos físicos, mentais e energéticos pela energia do seu sorriso.

MEDITAÇÃO DA MIAUTENÇÃO PLENA

Como podemos aliviar o sofrimento mental de preocupação com o futuro ou de ruminar o passado? Estando presentes. Podemos permanecer com o que há aqui e agora. Esta é a prática do mindfulness *ou da atenção plena, ou, já que se trata de gatos, da "miautenção plena", que nos ensina a estar com o que há, neste exato momento, no agora. Como aprender a ficar no miaumento presente?*

De acordo com a tradição budista, somos nós que causamos nosso próprio sofrimento. É claro que Buda reconhecia dores externas, como doenças e injustiças, que geram sofrimento. Entretanto, uma das causas primárias está em nossos pensamentos. Pensar nisso é de bugar o cérebro, sobretudo se não conhecemos esse ensinamento. Sofremos por causa do que pensamos. Pensamos que algo, alguém ou alguma situação deveriam ser diferentes do que são, em vez de aceitá-los como são. Nosso sofrimento provém da mente.

A preocupação pode gerar a sensação de que estamos fazendo algo, mas ela só cria mais ansiedade e desconforto. Quando nos trazemos para o momento presente, podemos cultivar mais paz interior, e mais paz no nível individual cria mais paz no nível coletivo. Esta é a prática de prestar atenção, notando para onde vai sua atenção e trazendo-a de volta repetidas vezes para o presente.

Gatos são mestres quando o assunto é estar presente. Todos nós já vimos gatinhos relaxando em seu lugar favorito e confortável, olhos relaxados e perfeitamente em paz com o mundo ao redor. Isso é a "miautenção plena". Mergulhar no aconchego, sem pensamentos intrusivos, sem desejar que o local fosse mais confortável, apenas ser e apreciar.

Gatos estão sempre no agora, e este exercício também ajudará você a aprender como fazer isso.

Uma âncora é para onde sua atenção repetidas vezes quando distraída, e nesta prática de *mindfulness* usaremos a respiração como âncora. Você pode escolher outras âncoras, como sons ou sensações nas mãos e nos pés.

1 Encontre um lugar confortável para se sentar, onde possa ficar relaxado e alerta. Feche os olhos ou suavize o olhar para baixo.

2 Traga sua atenção para o movimento natural de sua respiração. Considere onde pode ser mais confortável descansar sua atenção, talvez notando o subir e o descer de seu tórax ou focando na sensação do ar passando pelas narinas. Permita que sua atenção

descanse onde quer que você perceba que é mais fácil respirar e deixe sua respiração ser o que é.

3 Repare na sensação de sua respiração se movendo para essa área do seu corpo. Se achar difícil sentir a respiração, coloque uma mão no centro do peito e outra na barriga e sinta fisicamente a respiração se movendo. Se sua atenção se dispersar, é só voltar a acompanhar o movimento da inspiração e da expiração.

4 Comece praticando por três minutos e, aos poucos, vá aumentando para trinta minutos. Quando estiver pronto para encerrar, reserve um momento para compartilhar gratidão pela atenção plena e saiba que a "miautenção plena" é uma linha de base para sua noite ou seu dia.

MEDITAÇÃO DOS GATINHOS FOFOS

A meditação budista do amor incondicional, também conhecida como meditação metta, *pode ser praticada de algumas maneiras diferentes, mas os elementos centrais são os mesmos: desejar o bem a si mesmo e a todos, e, fazendo isso, cultivar mais amor e compaixão por todos. Muitas vezes o mais difícil é sermos amorosos conosco, portanto, nessa variação sobre o tema, podemos começar com um tema fácil para desejar o bem: gatos!*

Por que é mais fácil demonstrar amor a filhotes de gatos do que a nós mesmos? Por que somos tão duros conosco? Por que com tanta frequência falamos com nós mesmos de maneira pouco gentil? O mais provável é que seja uma tática de sobrevivência de muito tempo atrás, fazendo que pensemos pequeno para não nos ferirmos.

Você e seu severo crítico interno quase sempre se beneficiariam de mais amor e compaixão, e esta prática ajuda a cultivar mais sentimentos positivos, começando com a criaturas mais as fofas do mundo: gatinhos.

Esta variação da meditação do amor incondicional funciona bem com nossos filhotes peludos porque nós os amamos de todo o coração, e eles a nós. Se você não tem um em sua vida, imagine um trio de gatinhos olhando para você.

1 Sente-se ou deite-se numa posição confortável. Feche os olhos ou suavize o olhar.

2 Traga uma das mãos por cima da outra no centro do peito, conectando-se com o espaço do coração e a energia amorosa ali.

3 Repare em sua inspiração, em como ela entra e sai. Sinta o calor de suas mãos no espaço cardíaco, cultivando o calor interno do seu coração.

4 Traga um gatinho para o olho de sua mente e imagine-o inundando seu coração de amor. Recite este texto ou algo parecido de sua própria autoria: "Que você fique seguro. Que você seja saudável, feliz e tranquilo. Que você seja repleto de paz".

5 Repita três vezes enquanto envolve o gatinho nesta energia amorosa. Mantenha a respiração natural e note como seu corpo se sente enviando amor, compaixão e cuidado a este pequeno felino peludo.

6 A partir daqui, imagine a si mesmo, de modo que possa direcionar amor incondicional para si. Se achar difícil fazer isso, você pode se imaginar como

uma criança pequena. Melhor ainda, imagine-se criança segurando o gatinho do passo 4. Mais uma vez, recite este texto ou algo similar: "Que você fique seguro. Que você seja saudável, feliz e tranquilo. Que você seja repleto de paz".

7 Repita três vezes, enquanto envolve seu eu-criança e o gatinho nesta energia amorosa. Repare nas sensações do seu corpo ao expressar em voz alta esses desejos.

8 Repita o processo imaginando um ente querido.

9 Repita o processo com um conhecido neutro.

10 Repita o processo com alguém que seja desafiador em sua vida, mas só se se sentir confortável em fazer isso. Este passo pode ser mais difícil, mas, se optar por fazê-lo, imagine, talvez, uma versão infantil dessa pessoa a quem você consiga direcionar amor incondicional com mais facilidade.

11 Repita o processo com a Terra.

12 Quando a prática e o processo estiverem completos, encerre-os agradecendo. Repare em como você se sente e imagine como seu espaço cardíaco e cheio de luz está agora.

BANHANDO-SE DE AMOR

Gatos grandes e pequenos adoram banho de sol, porque felinos adoram calor. Sentar-se em um local ensolarado significa que eles não têm de gerar energia própria para permanecerem aquecidos; em vez disso, eles conservam energia utilizando outras fontes de calor. Que gatinhos espertos!

A exposição à luz do sol produz serotonina em animais e humanos, o que regula o humor e ajuda todo mundo a se sentir bem. Da mesma maneira que gatinhos tomam banho de sol para ganhar calor e todas as vibrações prazerosas, podemos ativar nosso gerador interno de alegria. Esta meditação de cura somática é inspirada pelo trabalho de Donna Eden e suas radiantes práticas de circuito baseadas nos meridianos extraordinários da Medicina Tradicional Chinesa (MTC), reservatórios de energia sutil.

Você pode começar e encerrar cada dia com este exercício, e, quanto mais praticar, mais alegria redescobrirá dentro e ao redor de si.

1 Sente-se numa posição confortável, com as costas eretas mas relaxadas.

2 Coloque as mãos sob as axilas opostas, com os polegares para fora, de modo que os braços fiquem cruzados no peito. Relaxe nesta posição; não deve haver tensão ou dificuldade.

3 Inspire pelo nariz contando devagar até cinco, e expire pelo nariz contando devagar até cinco. Continue por três minutos no mínimo e vá aumentando até quanto quiser. Sinta o alívio de qualquer tensão ou estresse no corpo enquanto descansa seu organismo.

4 Com as mãos sob as axilas, imagine que você está mergulhando dentro de si mesmo, calmo e revigorado, reconectando seu sistema de energia para ser recarregado, reconectando-se com o amor e a alegria e sentindo-se repleto de energia e radiância.

5 Quando estiver pronto para encerrar, solte as mãos devagar e descanse. Sente-se em silêncio e note como e o que está sentindo.

ENERGIA CALMANTE PARA MANTER A CABEÇA NO LUGAR

Em A história de Samuel Bigodes, *ou a* Tortinha, *de Beatrix Potter, Tom Kitten desobedece à mãe e acaba sendo pego e preparado como refeição por um casal de ratos, que o besuntam de manteiga e o enrolam bem apertado numa massa.*

Ser preparado como refeição não parece muito divertido, mas ser apertado ou enrolado feito um burrito acalma o sistema nervoso – efeito similar do colete antiestresse para cães ou do conforto de um cobertor pesado. Esta prática fácil é adaptada da terapia energética da cinesiologia chamada Toque para Saúde, e pode ser a versão humana de um "burrito felino" calmante, quando gatinhos precisam ser enrolados para tomar remédio ou ter as unhas cortadas. Sempre que se sentir ansioso ou chateado, use esse apoio durante alguns minutos para regular seu organismo ao processar e liberar o estresse.

Use esta prática sempre que quiser reiniciar e restaurar seu organismo de incômodos e estresse.

1 Sente-se numa posição confortável. Considere um problema, memória, sensação ou incômodo emocional. Em uma escala de um a dez, sendo um a menos intensa e dez a mais intensa, dê uma nota para o problema ou para a memória.

2 Coloque delicadamente uma mão na testa, o dedo mínimo sobre as sobrancelhas e o polegar na linha do cabelo. Com a outra mão, segure a nuca.

3 Direcione um foco suave no estresse ou no problema enquanto respira lenta e longamente. Sinta o calor de suas mãos trazendo coerência, equilíbrio e calma ao cérebro.

4 Permaneça nesta posição por cerca de dois a cinco minutos até sentir calma interior. Você pode notar uma ligeira pulsação em ambas as mãos, ou talvez apenas o calor conforme a energia em torno do problema muda e se solta.

5 Quando estiver pronto para sair, solte devagar as mãos e descanse-as. Volte ao problema e pense na nota que agora você dá para ele. Repare em como o número mudou.

MUDRA PARA ATIVAR A SABEDORIA FELINA

A sabedoria dos gatos reside em sua presença e em sua habilidade de estar presentes. Não há ansiedade ou preocupação; quando descansam, eles descansam, e são espontâneos ao brincar. Ao longo deste livro, aprendemos com o comportamento dos gatos, e nesse sentido eles são nossos sábios felinos.

Com frequência vemos em estátuas e pinturas os *bodhisattvas* (indivíduos que estão no caminho para se tornarem budas) e sábios orientais fazendo o mudra *gyan*, que se traduz do sânscrito por "selo de sabedoria". Ele vem de uma longa linhagem de conhecimento espiritual, portanto, é possível dizer que fazer o mudra *gyan* é uma forma de receber a sabedoria das eras e dos sábios gatinhos.

Quanto mais relaxamos, mais podemos receber, e para esta postura as palmas das mãos devem estar voltadas para cima, para alcançar.

1 Sente-se em silêncio e confortavelmente, feche os olhos ou suavize-os para baixo.

2 Coloque a ponta do polegar na ponta do dedo indicador, formando um círculo, os dedos restantes estendendo-se juntos e a palma voltada para cima. A pegada deve ser firme, mas não pode distrair.

3 Faça isso com ambas as mãos, as palmas para cima, descansando sobre as coxas.

4 Com a respiração suave e tranquila, convide seu corpo a relaxar a cada inspiração e expiração. Comece com cinco a dez séries de respiração suave. Solte-se e relaxe na respiração e sinta as sensações no corpo. Imagine que seu organismo está infundido de sabedoria e confie que, por reservar um tempo para se sentar em quietude de forma intencional, o conhecimento passa a ser processado pelo corpo. Deixe a sabedoria ser a sensação que permeia seu ser.

5 Para encerrar, é só soltar as mãos e terminar em gratidão pela linhagem da sabedoria espiritual.

MUDRA DO GATINHO

Existe um mudra chamado citta, *que se refere à mente em sânscrito, e esse mudra nos ajuda a despertar a consciência. Assim, podemos renomeá-lo "Mudra do Gatinho", porque gatinhos são um excelente lembrete do que é estar presente, atento e ciente.*

Ativar a dádiva da sua presença é a chave para imitar a consciência dos gatinhos, e esta prática é uma maneira fácil de estimular a consciência plena e sintonizar-se com o ser.

Quanto mais praticar este mudra, mais ele funcionará para você, deixando seu estado ancorado em seu organismo por meio do uso regular.

Com a prática, você aprenderá a fazer este mudra por apenas uma respiração e mudar instantaneamente seu estado de sobrecarga e ansiedade para maior presença.

1 Sente-se numa posição ereta e confortável.

2 Traga as mãos em prece ao centro do peito. Pressione as pontas dos dedos indicadores uma contra a outra enquanto as inclina e as traz até os polegares, de modo que eles também toquem as pontas dos dedos indicadores. Mantenha os outros dedos estendidos e encostados.

3 Com este mudra na altura do coração, você está respirando com mais consciência e atenção no espaço cardíaco. Uma vez que este é um mudra para a mente sendo feito no coração, temos uma conexão entre cérebro e coração, e quando respiramos devagar com intenção e ativamos ao mesmo tempo a energia desde mudra, temos uma comunicação clara e presente entre coração e mente.

4 Relaxe neste mudra enquanto respira longa e profundamente por três minutos ou mais, cada inspiração e expiração criando mais atenção e presença. Quando estiver pronto para encerrar, solte o mudra e reserve um momento para notar como e o que está sentindo agora.

EPÍLOGO

RONRONS DE DESPEDIDA

A vida é curta e cíclica, como as estações. Para extrair o máximo dela, precisamos nos auxiliar por meio da meditação, lembrar de estar aqui e agora e nos permitir começar de novo e de novo.

“MEDITAR É OLHAR PROFUNDAMENTE, TOCAR PROFUNDAMENTE, PARA PERCEBER QUE JÁ ESTAMOS EM CASA.”

– THÍCH NHẤT HẠNH

ENSINAMENTOS FELINOS

PATAS E PAUSA

Por mais que desejamos que nossos gatos tenham sete vidas, infelizmente eles têm uma só, e a dor e a tristeza quando se perde um companheiro felino é enorme. É o preço que pagamos por termos amado e sido amados, simples assim.

Que dádiva é ter conhecido e amado um gato. Ter tido a experiência do amor incondicional do ser mais doce e felpudo. É uma dádiva tê-lo segurado nos braços. Afundar no seu corpinho quente, macio e fofinho. Amar tão profundamente significa que a dor da perda será grande. É o preço que pagamos pelo amor extraordinário e incondicional, simples assim. A perda é extremamente dolorosa, mas o amor que compartilhamos nunca morre. Se a tristeza deu as caras, antiga ou nova, receba-a. Ofereça-lhe espaço para existir. Deixe-a surgir das profundezas de seu ser, onde ela possa ter sido empurrada ou escondida.

Após um certo tempo, quando a intensidade da perda se aplacar, você pode começar a minar as profundezas desta coisa extraordinária chamada luto. Isso porque, quando se aprofundar nos recantos mais profundos e escuros do luto, você trará um tesouro enterrado. Ele sempre esteve ali. Um tesouro inestimável que nunca pode ser perdido, porque, uma vez vivenciado o amor em suas muitas formas, ele permanece com você e é para sempre uma parte da tessitura do seu ser.

O professor de espiritualidade Ram Dass disse que todos estamos caminhando para a casa uns dos outros. Chegar em casa certo dia sem ter mais os peludinhos amados por perto para recebê-lo é doloroso, mas seu amado bichano criou um lar eterno em seu coração, onde vive o restante de suas sete vidas em suas lembranças, assim como nós vivemos as nossas.

Amor e luto andam de mãos (e patas) dadas. Não há o que fazer. Se você ainda não vivenciou isso, vai vivenciar. É mais um motivo para saborear este tempo juntos.

HO'OPONOPONO PARA PERDÃO

Gatos não guardam rancor. Nos também não deveríamos. No final de nosso tempo juntos, longo ou curto, o perdão é a maneira com que abrimos espaço para mais amor e alegria contínua.

Este mantra da sabedoria xamânica havaiana está centrado numa prática de reconciliação. A ideia é assumirmos responsabilidade pelo que nos vem à consciência e, ao repetirmos estas frases, ajudamos a purificar, a equilibrar e a harmonizar energia.

Repita este mantra para si mesmo a qualquer momento e em qualquer lugar.

1 Traga à mente uma situação ou um problema que faz você se sentir desesperançoso, impotente, culpado ou que seja algo doloroso.

2 Repita em silêncio para si mesmo, repetidas vezes:

Sinto muito.
Me perdoe.
Eu te amo.
Sou grato.

3 Você não precisa acreditar nestas palavras para que elas tenham um efeito purificante, mas elas funcionam melhor se você conseguir descobrir uma pequena parte que seja verdadeira para si.

MIAUDRA DO GATO DA SORTE

No fim está o início. No início deste livro ouvimos a história do gato da sorte maneki-neko, e selamos nosso tempo juntos com a prática dele.

Na história de origem japonesa, o *maneki-neko* atraiu o nobre para a segurança do templo, onde ficou protegido de uma violenta tempestade do lado de fora.

A estatueta em si, com a patinha erguida, não é diferente de representações de divindades hindus, o Buda e o *bodhisattvas* fazendo o mudra *abhaya* para instilar ausência de medo e resiliência.

O medo da perda e do luto pode nos impedir de querer amar ou cuidar de novo de um companheirinho felino ou de qualquer outra pessoa. Este mudra tranquiliza e oferece uma sensação de segurança para abrir o coração e tomar coragem para fazer as coisas que você anda adiando por conta do medo. Este mudra felino também nos lembra de seguir nosso coração, ter fé e tranquilidade, sabendo que somos guiados pelo divino.

Nesta prática, usamos o mudra *abhaya* para ativação energética de segurança, coragem e sorte.

1 Sente-se numa posição confortável e inspire e expire com suavidade.

2 Leve a mão direita até a altura do peito, a palma voltada para fora, os dedos juntos e apontando para cima. A mão deve estar relaxada e firme, mas não rígida. Descanse a mão esquerda no colo.

3 Faça respirações longas, lentas e profundas, e mantenha o mudra por três a onze minutos enquanto libera ansiedade e medo. Pense no gato da sorte projetando um escudo de energia – para segurança, coragem e abundância – de sua palma direita e circulando por todo o seu corpo e seu ser.

4 Quando estiver pronto para encerrar, solte as mãos e descanse-as, e agradeça ao poder e à prosperidade do *maneki-neko* ativados dentro de você!

ÍNDICE REMISSIVO

AGRADECIMENTOS

Obrigada a meus grandes amores, Booboo e Theo, que compartilharam uma vida de ensinamentos comigo. Booboo nos abençoou por maravilhosos 17 anos, e Theo, por 14. Agora eles vivem para sempre em nossos corações. O ensinamento mais difícil e, no entanto, o mais profundo, foi auxiliá-los com a homeopatia para que deixassem esta terra no próprio tempo. Sou infinitamente grata a nosso veterinário, dr. Alberto Gil, pelas orientações, pelo cuidado e pela bondade.

Obrigada a minhas sobrinhas peludas, Luna e Leya, pelo apoio emocional, já que o luto tornou desafiadora a escrita deste livro. Obrigada a minhas irmãs, Stephanie e Vicky, por serem o bálsamo de alívio na finalização desta obra. Obrigada, Francis Catania, por ser a âncora estável na minha vida e por amar a mim e a nossos filhos peludos.

E, por fim, gostaria de expressar minha gratidão à equipe: Jo Lightfoot, por me trazer esta ideia para um livro; minha editora, Charlene Fernandes, e minha revisora, Claire Waite Brown, pela paciência e ajuda; às *designers*, Eliana Holder e Karin Skånberg, pelo trabalho maravilhoso; e a Thiago Corrêa, pelas ilustrações repletas de alegria.